ぶらりあるき マレーシアの博物館

Malaysia Museum

中村　浩
Hiroshi Nakamura

芙蓉書房出版

国立博物館の館外に展示されている高床式建物
（クアラルンプール）

マレー世界民族博物館
（クアラルンプール）

国立テキスタイル博物館
（クアラルンプール）

ＫＬＣＣ水族館の水中トンネル
（クアラルンプール）

アジア美術博物館に展示されている日本のコマのような遊具
（クアラルンプール）

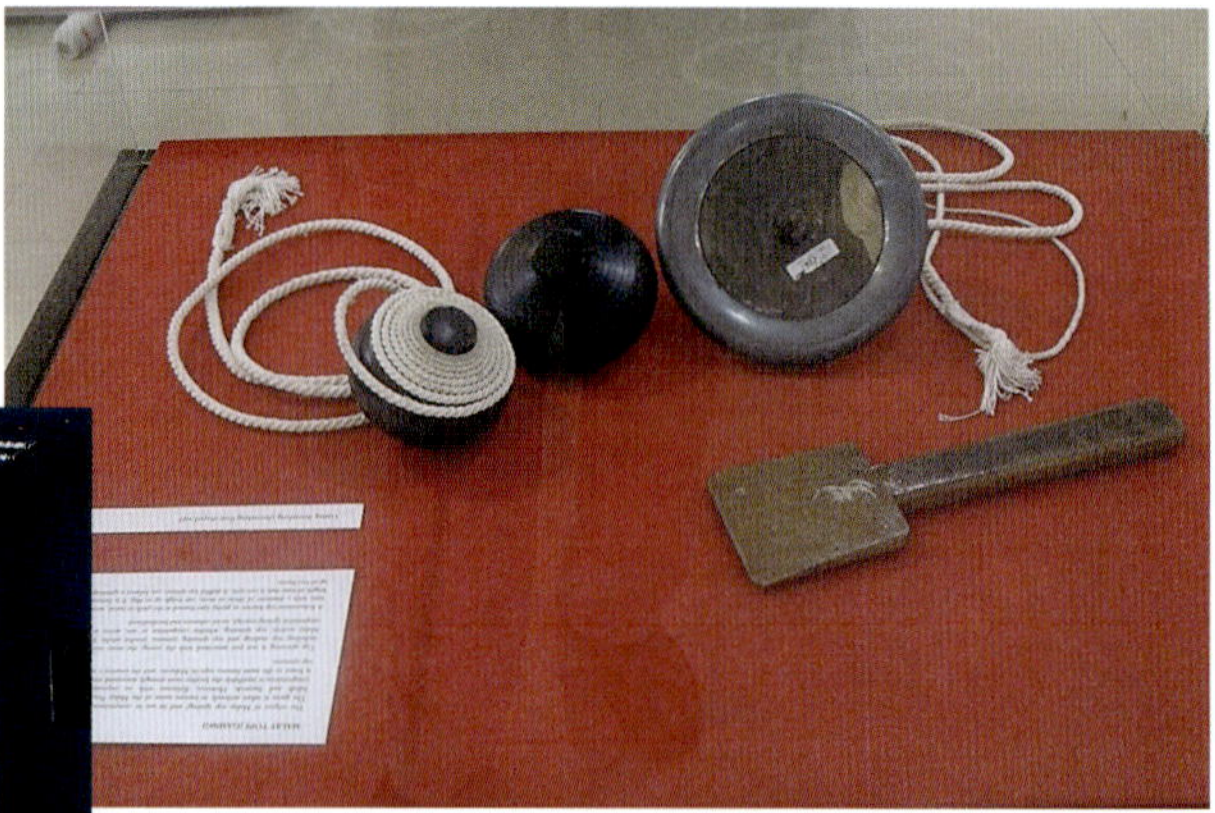

国立電気通信博物館の展示
（クアラルンプール）

アセアン彫刻公園のユニークな作品
（クアラルンプール）

国立博物館の野外展示
（クアラルンプール）

マレー世界民族博物館の王族の結婚式の様子を再現したジオラマ
（クアラルンプール）

マレー・イスラム国際博物館の
中国陶磁器の展示
（マラッカ）

マハティール元首相の記念館スリ・ペルダナ・ギャラリーの展示
（クアラルンプール）

セント・ポール教会の礼拝堂に集められた
石棺の蓋
（マラッカ）

国立科学センターの宇宙関連の展示
（クアラルンプール）

ペラ州立博物館の展示
（タイピン）

独立宣言記念館（マラッカ）

オランダ広場とスタダイス（右）（マラッカ）

オラン・アスリー博物館（アイル・クロー）

ムラカ・イスラム博物館（マラッカ）

セント・ポール教会（マラッカ）

スルタン・パレス（マラッカ）

まえがき

　東南アジア諸国は、経済的にも文化的にも著しい変革の時期にさしかかっています。とりわけマレーシア、シンガポールの両国は、まさに現在が経済発展のピークとでもいうべき好景気に沸いています。マレーシアの首都クアラルンプールには、ランドマークとしてツインタワービルが建てられ、都市景観は大きく変わってきています。

　博物館の世界でも、新しい施設の建設、既存施設の改築で賑わっています。独立広場に面していた国立歴史博物館は、機能を国立博物館などに吸収合併し、現在はホテルやレストランとして利用されています。市街中心部の大規模ショッピングセンターの地階には、アクアリアＫＬＣＣ（水族館）がオープンして賑わっています。このほかにも、かつての施設が別の場所に移転して開設された事例も多く見られます。

　マレーシアには世界遺産に登録されている「マラッカ海峡の歴史都市群」があります。その一つであるマラッカ王国の遺跡は、ポルトガル、オランダ、イギリス、日本などの国々に影響されて発展してきた地域の痕跡を見ることができます。

　マレーシアの新しい側面を物語る現代都市クアラルンプール、歴史の重厚さを伝えるマラッカ、そして、イポー、セレンバン、タイピンなど、マレー半島に居住してきた多くの民族の伝統的な生活文化に触れることができる地方都市にある博物館を訪れました。そこでは、素晴らしいジオラマや詳細な紹介パネルによって伝統文化や産業の歴史に触れることができました。

　少々急ぎ旅ですが、クアラルンプールを中心としたマレーシアの博物館を紹介しましょう。

二〇一二年五月

中村　浩

ぶらりあるき　マレーシアの博物館●目次

軍事・警察 に関する博物館

植物園・動物園・水族館 ほか

美術・彫刻 に関する博物館

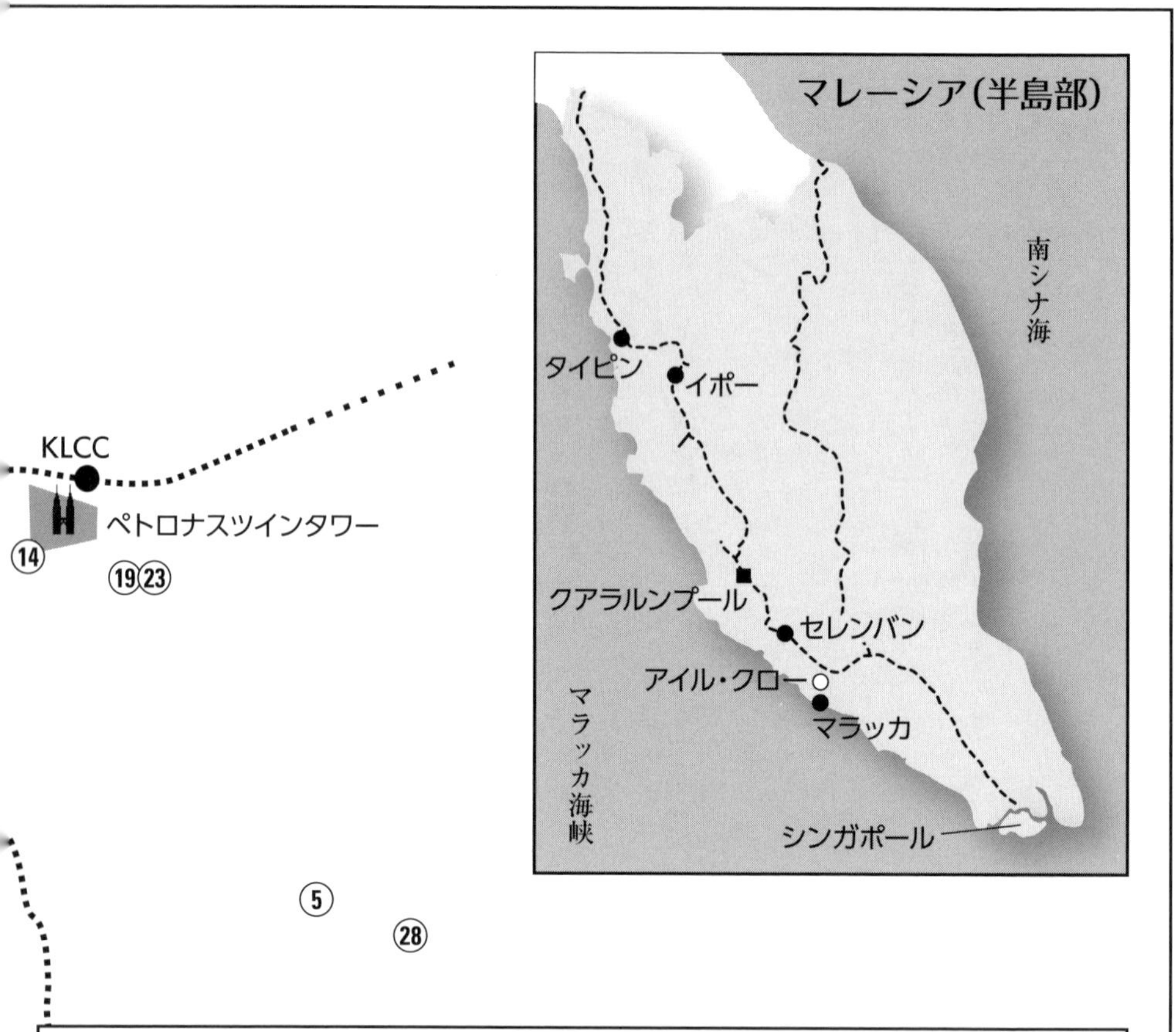

①国立博物館
②マレー世界民族博物館
③オラン・アスリー工芸博物館
④新王宮(イスタナ・ネガラ)
⑤ヘリテージセンター、マレーハウス
⑥クアラルンプール・シティ・ギャラリー
⑦旧国立歴史博物館
⑧警察博物館
⑨国家記念碑
⑩慰霊碑
⑪オーキッド・ガーデン
⑫ハイビスカス・ガーデン
⑬バード・パーク
⑭ＫＬＣＣ水族館
⑮バタフライ・パーク
⑯ディア・パーク
⑰マレーシア・イスラム美術館
⑱アセアン彫刻公園
⑲ペトロナス・ギャラリー
⑳国立美術館
㉑国立銀行芸術センター
㉒国立電気通信博物館
(テレコム博物館)
㉓ペトロサインス
㉔国立プラネタリウム
㉕国立銀行貨幣博物館
㉖クアラルンプール鉄道駅
資料展示コーナー
㉗国立テキスタイル博物館
㉘文化工芸博物館
㉙トゥンク・アブドゥル・ラザック記念館
㉚トゥンク・アブドゥル・ラーマン・
プトラ記念館

クアラルンプール中心部

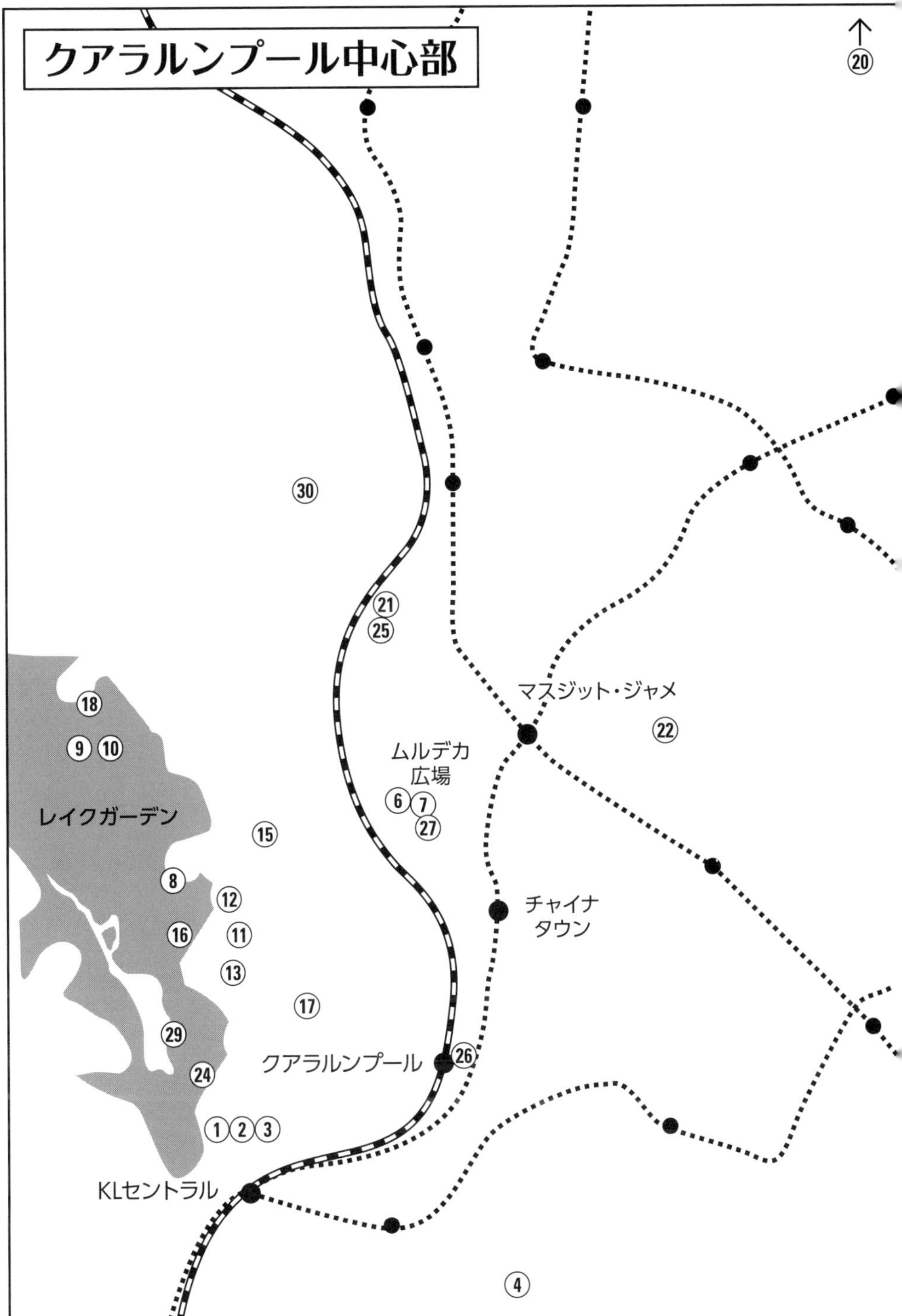

クアラルンプールの博物館

クアラルンプールは、マレーシアの首都。東南アジア有数の国際都市で、人口一六〇〇万人余りを数えます。中国からの移民により、錫の採掘拠点として一八五七年に開発され、イギリス植民地となった一八七三年から一九五七年の間、錫とゴムの産出の中心として栄え、発展してきました。

地名の起こりは、マレー語で「泥が合流する場所」という意味に由来しています。市の中心部を流れるゴンバック川とクラン川が合流することが基となっています。

一九九五年にはプトラジャの開発計画と連邦政府の同地域への移転が決定され、点在していた連邦行政機関の集中と慢性的な交通渋滞の解決を図りました。一九九九年に首相官邸などを移転し、現在も順次移転を進行中とのことです。

この移転計画との関係は不明ですが、都市化の進展に対応して多くの博物館が創設されてきました。一方で、国立歴史博物館のように発展的解消を遂げた博物館もあります。またマレーシア初の宇宙飛行士の誕生を経て、国民の宇宙への関心が高まるなか、国を挙げて科学技術の振興発展を期するため、国立科学センターや科学系博物館の建設・充実も進められています。また多民族国家ということもあり、民族系博物館なども多く見られます。

歴史・民族・宗教に関する博物館

国立博物館
マレー世界民族博物館
オラン・アスリー工芸博物館
新王宮（イスタナ・ネガラ）
旧王宮
ヘリテージセンター、マレーハウス
クアラルンプール・シティ・ギャラリー
旧国立歴史博物館

マレーシアの歴史、とりわけ現在の首都であるクアラルンプールの歴史を知るには、ここに掲げた博物館およびその関連施設を訪ねるとよいでしょう。またマレーシアを知るには、それら地域の先住民の民族も理解する必要もあるでしょう。なお王宮に関しては、内部は公開されていませんが、マレーシアの成りたちと深くかかわるものであり、ここに掲げておきました。

✿国立博物館　National Museum

マレーシアを代表する国立博物館です。博物館は、一九六二年に建設され、翌年一九六三年八月三十一日、第三代国王のもとで公式に開館しました。

建物の裏手に駐車場があるので、バスなどで来た観光客は、博物館の背後から正面入口に歩くことになります。

博物館の建物は、正面から見ると左右対称で、マレーシア風の屋根を持った伝統的なつくりになっています。左右の側壁面には、マレーシアの重要な歴史的出来事や工芸品製作などを題材にした大きな壁画があります。左側の壁画に描かれているのは、土器づくり、皮なめし、木工、織物、船づくりなどの伝統産業で、右側の壁面には、蛇踊り、戦闘場面などが描かれています。壁画とはいえ、ペイントなどで描かれたものではありません。イタリアン・ガラスのモザイクで作られた小豆色の背景に黒、オレンジ、白などの色調で、繊細で力強く表現された特徴的な作品です。右下部分に作者のサインのような文字が見られます。

左右側面の壁画の下方には高さ二メートルほどのテラスがあり、ここには民族資料が展示されています。左側面には、ドラゴンボートと呼ばれる祭礼の際に行われるレースに用いられる木製の舟があります。六人から八人の漕ぎ手で操る舟で、

国立博物館正面入り口

建物左右の側壁面に描かれた壁画

祭礼の際に行われるレースに用いられた舟

ウォーター・フェスティバルの期間に用いられたものです。この舟はタイからのもので、船体には龍の体を表現したと見られるペイントが施されています。このタイプの舟は、現在ではウォーター・フェスティバルの間の儀式にのみ残されています。展示されている舟は、色彩豊かな龍頭と龍尾が、それぞれの先端につけられています。右端には人力車があります。

正面入り口の屋根には、剣が交叉したような飾りが見られます。日本の神社の屋根の頂上にある千木《ちぎ》のようです。全体として、現代と伝統がうまく調和した建築様式という印象です。

博物館の展示は、四つのギャラリーから構成されています。一階右手はギャラリーAで、旧石器時代からルンバー・フジャン遺跡のヒンズー仏教時代までの歴史を扱っています。続いてギャラリーBは、十五世紀のムラカ・マレー王国と群島におけるマレー王国の歴史がテーマです。二階のギャラリーCでは、ポルトガル、オランダ、イギリス、日本による統治がテーマとなっています。これらの国々による統治はマレーシアの政治、社会、経済に大きな影響を及ぼしています。さらにギャラリーDは、今日のマレーシアをテーマとしています。

ギャラリーAの最初のガラスケースは、自然環境からマレーシアの国土の成り立ちを知る地質学の展示です。ここには各地で採取された岩石標本が並べられています。専門家から見れば貴重かもしれませんが、一般人にとっては何の変哲もない石の塊のように思えます。マレーシアの錫《すず》鉱山はよく知られていますが、錫鉱石だけでなく大理石などの鉱物サンプルも置かれています。

続いて「ペルム紀の時代」と表示された森の復元ジオラマがあり、さらに「熱帯雨林気候に属するマレーシア地域の気候について」というように、自然環境の展示や解説が続きます。

次の展示は、先史時代石器です。初期の石器は自然の石材に混じると見分けがつかないかもしれません。ケース内に自然の石の間に石器が置かれていますが、矢印の明示がないと両者の判別ができないことがあります。この時代の人骨も並べられています。

やがて土器の登場となります。石臼や叩き石、浅い鉢や深い鉢の存在は、日本の縄文時代とよく似ています。この頃に作られた壁画にはさそりや亀という身近に生息していた動物が描かれています。石製、骨製道具とともに食料とされていた動物の骨などがあります。部屋の一角には、この時代の生活を復元した住居と人物のジオラマがあり、

人骨や土器・鉄刀など副葬品含む埋葬主体

わかりやすく見学者に語りかけています。

　ガラスケースからはみ出した石筍《せきじゅん》も見られます。これは鍾乳洞の内部で、石灰質を含んだ地下水の水滴が落ちることでできる石灰岩のつららのようなもので、気の遠くなるような年月を経てつくり出されたものです。マレーシアには石灰岩の山が随所にあり、鍾乳洞も大小数えきれないほどあります。

　なかでもクアラルンプール郊外にあるバトゥ洞窟は、ヒンズー教の聖地として多くの信仰を集めていますが、同時に市街地に近いことから観光地としてもにぎわっています。展示室では、ごく一般的な形の洞窟の様子がジオラマで示されています。

　青銅器時代の銅鼓は東南アジアの遺跡から出土した特徴的な遺物で、祭礼の儀式に用いられた楽器とされています。全国各地の遺跡から出土した銅鼓の破片や完全な形状の青銅製壺などが解説パネルと共に並べられています。

　鉄器時代に入ると、さらに人々の暮らしは多様化してきます。祭祀用製品や武器をはじめ土器類を伴って埋葬された墳墓では、平らな板石を幾重にも重ねて作られた石棺墓や組み合わせ式の木棺などさまざまな埋葬主体があります。ここでは、遺構とともにそれらに副葬されたさまざまな遺物も見ることができます。

　やがてヒンズー仏教受容の時代に入ります。ヒンズー教、仏教は似ているようですが、性格は異なりま

青銅器の銅鼓

青銅製の壺

す。ここではヒンズー教に関連した仏像や仏具などの遺物が展示されています。時代が降るとともに周辺諸国との交易による新たな展開が始まります。世界各地からマレー半島に集まった陶磁器をはじめとする交易品が展示されています。とりわけ中国の陶磁器は質、量ともに他を凌駕しています。

ギャラリーBは、マレー王朝に関連する展示です。ここではイスラム社会で使用された独特の形の剣をはじめ、装飾を伴う大砲、銅鑼、銀製の壺、鉢、食器類、あるいは宝石箱など、マレー王朝時代に使用された数々の品物が集められています。とりわけ燭台、調理用道具、ルビーやサファイヤなどの宝石をあしらった宝冠をはじめとする装飾品の豪華さには目を見張るものがあります。宝石を用いた品物は貴金属品ばかりではありません。日常あるいは儀礼用に着用される女性用の服装や靴にもまばゆいばかりの装飾が見られます。さらに色彩豊かな花草文様が描かれた琺瑯《ほうろう》製品は目を惹きます。

王朝時代展示では、当時の商業取引に用いられた天秤はかりや枡、日常用の食器なども展示されています。ここに展示されている天秤はかりは、重りを載せて計量するものです。かつて各地の市場で使われていたものは、棹に目盛りが刻まれ、そこに分銅の重りを移動させてバランスをとり重量を計っていました。

イスラム芸術は、青銅器や陶磁器、装飾品に到るまで多種多様な展開をしています。とくに陶磁器ではアラビア風の口の長い把手や注口を伴った壺状のものが目立ちます。大皿では、藍色の釉薬で文様が施された染付がありますが、そこに施されている文様はアラベスク文と呼ばれるイスラム系独特のものです。またアラビア文字が書かれているものもあります。金属器では真鍮製の容器があります。また、錫で造られたワニやトカゲの形をしたものがありますが、これらはいずれも当時の貨幣として流通していたものです。貨幣には立方体や円柱の錫が用いられていたこともあったようです。

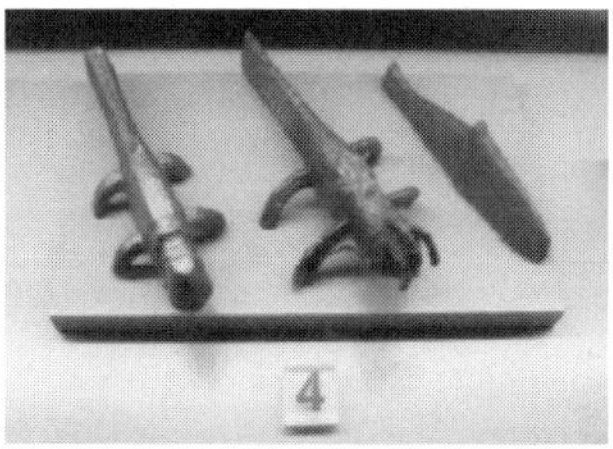

ワニやトカゲの形をした貨幣

また一九三六年に発見された九〜十一世紀頃と推定される仏像は左手に花瓶を持つ立像で、四頭身のユニークな彫刻です。このほか六本の腕を持つ観音像と見られる仏立像もあります。これらはいずれもヒンズー教の仏像と思われますが、明らかに仏教的な部分も多々あります。

ところで、イスラム教徒にとって重要な経典としてあがめられているものにコーランがあります。ここではその古写本、さらにコーランを中央に置いて、これを読む司祭者とそれを聞く信者のジオラマも設置されています。

左手に花瓶を持つ仏像

マレー半島では良質の木材が産出され、それを材料にした家具、調度品も見逃せません。ここには素晴らしい彫刻を施した家具や調度品が展示されています。

中央の階段から二階のギャラリーCに向かいます。まずポルトガルの植民地時代の展示から始まります。次いでオランダ、イギリスの植民地時代の歴史が続き、最後は太平洋戦争中の日本軍による占領時代になります。日本軍関係では、当時軍人が所持していた日本刀、ヘルメットなどが展示されています。続いて、レー地域の教育制度、独立への挑戦という内容になっています。

ギャラリーDは、今日のマレーシアをテーマにした展示です。細かくみると国民意識の目覚め、ナショナリズムの運動、独立、非常事態、マレーシア連邦の成立、国際社会からの承認、一つのマレーシアと続きます。

独立後の国内の治安の乱れなど苦難の歴史を、さまざまな事件の写真パネルや遺品などを通じて広く理解させようとする意図が十分伝わってきます。このコーナーの展示は、不特定多数の外国人観光客への観覧に供するという目的ばかりではなく、自国民に訴えるという狙いが多く含まれているように感じました。ところで、一階はG、すなわちグランド・フロアと呼ばれています。博物館のミュージアム・ショップや事務室などは、グランド・フロアに設けられています。

〈国立博物館特別催事ホール〉

博物館の本館とは別に、特別なテーマを設けて企画展示を行う建物が本館の右手奥裏にあります。駐車場からは正面奥になります。二〇一一年十一月に訪問した時は、マレー半島の周囲の海域で沈没した船から引き揚げられた品々が集められていました。この海域には多くの沈船があり、各時代にわたるものが見られることが知られています。引き揚げられた遺物の中でとくに多いのは交易品の陶磁器です。ほかには、船での生活に使用されていた食器や船体の一部などを見ることができました。

近年日本国内でも、長崎県沖から中国元時代の元寇の沈船が発見されたニュースに関心が高まっています。長崎の例は元寇という特異な事件に伴うものですが、マレー海域は交易上の要域です。各国の交易船が行き来しており、暴風雨や座礁という海難事故で沈んだ例が多いのではないかとされています。いずれにせよ、沈船から引き揚げられた陶磁器には圧倒的に中国の製品が多く見られます。

二〇一二年三月には門扉をテーマとした展覧会が行われていました。マレーシア地域に産するチーク材などを素材にして加工、彫刻したさまざまな門扉が集められていました。さまざまな透かし文様が施された門扉は、高い芸術性を持つ作品といえます。ゆったりとした会場に門扉と写真パネル、解説パネルが並ぶ会場は壮観でした。

企画展示は開催期間が六ヵ月以内程度と限られていますが、博物館本館の展示が固定されているため、そこでは見せることができないトピックな展示などを行っていますので、訪問された際にはぜひ立ち寄ってみるとよいでしょう。なおこの特別展の催事場へは別途入館料が必要なこともありますが、十分リーズナブルだと思います。

〈博物館館外展示〉

博物館本館裏の駐車場に面して、いくつかの蒸気機関車やディーゼル機関車、ケーブルカーなどが展示されています。鉄道ファンには見逃せないものでしょう。いくつかをご紹介しましょう。

小型蒸気機関車 No.32101 は、一九二七年にイギリスで製作されました。車体はブルーで、煙突を含む前半分が黒、さらに前方の部分が赤と、メルヘンチックな色彩に塗装されています。この機関車は一九二四年にマレーシアの鉄道に採用されて以来、一九六四年まで活躍しました。機関車の総重量は三一トンで、一・五トンの燃料と七五〇ガロンの水を使用します。一九七五年五月にマレーシア鉄道から博物館に寄贈されました。

蒸気機関車 No.53101 はイギリス製で、一九二一年から一九六九年の間、約一万五〇〇〇キロメートルを走行しました。全長五九フィート、総重量は八八・五トンです。この博物館には一九七三年にマレーシア鉄道から寄贈されました。先の No.32101 機関車とは対照的に黒一色に塗装された精悍な印象を与える外観です。

このほか駐車場の一角には、茶色に塗装されたディーゼル機関車や、か

野外展示されている蒸気機関車（左）No.. 53101（右）No.. 32101

つて線路脇に設置されていた信号機も置かれています。

駐車場から白く塗られたアーチを入ると、博物館本館とは逆方向に、ペナンの丘陵で活躍したケーブルカーが展示されています。これは東南アジア唯一のケーブルカーとされています。このケーブルカーは一九二三年から供用が始まり、一九七七年まで活躍しました。五〇人の乗客が乗車することができます。乗客がいない空の時の重量は七・五トンです。博物館へは一九七八年六月二十三日にペナン州政府から寄贈されました。さらに、消防梯子《はしご》車や乗用車、人力車、手漕ぎの小型の木製船など、マレーシアの陸上、水上交通の歴史を実感させる乗り物が目白押しです。

また左手方向に進むと、民族博物館との間に石碑とトーテム・ポールのように彫刻された方形の柱が二

ペナンの丘陵で活躍したケーブルカー

トーテム・ポールのように彫刻された柱

高床式構造の建物

本あります。この柱は墓地に建てられていたもので、少なくとも二〇〇年以上前のもので、高い方が高さ八・五メートル、低いものは七・一メートルと説明されています。

石碑は金網で囲まれたちょうど鳥籠のような中に砂利を敷いて安置されています。金網があるので碑文は読みずらいかもしれません。これらは十五～十九世紀につくられたものです。

高床式構造の木製平屋建ての建物があります。解説によると、この建物はかつてスルタンの王宮の一部であったとのことです。階段を上って建物の内部に入ることができます。

これらの展示物と駐車場との間には小さな大砲が駐車場に筒先を向けて一列に並べられています。駐車場と博物館を隔てているアーチ状の門を警護するために配置されているかのような印象を与えます。

✻マレー世界民族博物館 Maray World Ethnology Museum

国立博物館に近接している建物です。

とくに目を惹く展示は、王族の結婚式の様子を再現したジオラマでしょう。周囲には金襴および金色の草花の透かし文様の装飾を配し、中央部には赤、黄、緑が交互に縦縞に染められた幕を配置した壇飾りの前に新郎と新婦が座り、その中央壇の一段下がった左右にそれぞれ男女の王族が座っています。新郎、新婦共に真紅の衣装に金色の帯を着用、新婦は宝石をちりばめた絢爛たる王冠を着けています。

左の男性は青い着衣に頭に帽子をかぶり、女性は濃い茶色の被り物をまとい、淡い茶色のドレスを着ています。新郎新婦の前方には階段が五

マレー世界民族博物館

段あります。その前には低い机に置かれた赤六個、緑二個の六角錐の蓋を伴う容器が置かれています。中に何が入っているのかはわかりませんが、この儀式には必要なものなのでしょう。

さらに両端には三段の階段があり、いずれも金色の装飾で覆われています。またこれらを保護するために取り囲んだ柵の前には濃紺地に茶色の文様がプリントされた伝統的なデザインのバティック（ろうけつ染めの布）が掛けられています。

王族の結婚式の様子を再現したジオラマ

民族衣装製作の作業を再現

装飾品のコーナーでは、男女ともに民族衣装を身に着けた人形が置かれ、インテリアとして使われている壺などの銀製品とともにジオラマを構成しています。服装のみならず冠にも多くの金箔や羽根飾りが用いられており、冠の上部に付けられた羽根飾りの高さが一メートル近くに及ぶものもあります。

彼らの衣装は、バティックで作られたものが大半です。その製作過程には、文様を彫り込んだ印判を素地の布にスタンプして行う方法と手描きで蝋を付着させる方法があります。ここでは前者の作業風景のジオラマがあります。職人たちは、「紺屋の白袴」の例えのごとく、質素な着衣で、作業台の上に布を広げ、その上に文様の印判を押しています。

一方、織物制作は女性が担当します。日本の西陣織などでよく見る高機《たかはた》ではなく、座って織るいざり機のようです。織物の展示スペースは多くとられており、バティックの文様デザインは地域によって多くの種類があることがわかります。

✽オラン・アスリー工芸博物館　Orag Asli Craft Museum

マレー世界民族博物館と同じ建物にある博物館です。マレーシアの各地に点在する原住民の工芸作品を集めて紹介しています。

まずマレー半島の民族分布図が示され、そこに居住する十九の民族の男女各一名の顔写真が添えられています。

展示されている工芸作品は、地元産出の木材を使って彫刻や加工を行ったものです。マスク（仮面）は、日本の能面のように整った美しい顔や丸顔、面長な顔、老人の顔などのほか猿の顔も見られます。それぞれの民族、部族によって面の表現は大いに異なっているようです。これらは各部族の特別な行事に伴って行われる祭りに用いられるものです。

長い木材を加工し彫刻した人形は、面とは異なる魅力があります。表情や動作の表現が豊かで、それだけで趣きがあります。ただ

オラン・アスリー工芸博物館

各々の面がどのような祭りや行事に使われたのかがわかるように展示されていれば興味あるものになると思います。

木材製品のほかには竹製品、籐《とう》製品などがあります。日常に使用された籠にも、背負って使うものやポーチのように小型のものなど用途に応じて大小さまざまなものがあり、編み方も多様なものがあります。

紙工芸では、衣服として用いている例やアクセサリーとして、またカットして信仰のための札にしているものなどをジオラマで知ることができます。

このほかにもジオラマを多用して、各民族の工芸作品や、狩猟での吹き矢や弓矢の使用風景など暮らしぶりを紹介しています。

ただ残念なことに、館内の見取り図や案内パンフレットはまだ作られていないとのことでした。

マスク（仮面）の展示

竹製品、籐製品などの展示

狩猟のジオラマ（吹き矢）

✻新王宮（イスタナ・ネガラ）　New Palace(ISTANA NEGARA)

現在の王宮が置かれている場所です。ただし中には入れません。門衛が一時間交代で守衛しています。騎馬の兵士もいますが、馬を一時間静止状態で置いておくのは、自分が静止状態でいるよりも困難ではないかと思います。

また観光客が門衛の傍らで一緒に記念撮影をしているのも、極度な緊張状態を強いられる兵士にとっては迷惑なことかも知れません。ともあれ記念撮影しようとする観光客は引きも切らず、ただ一点を見つめ

現在の王宮

王宮を警護する騎馬の兵士

かつての王宮

る視線で立つ兵士の生真面目な顔が、むしろ滑稽なようにも思えます。駐車場は観光バスであふれており、観光客の多さにはびっくりです。大半が中国からの団体のようです。

✿旧王宮　Old Palace

かつての王宮が置かれていた場所です。中には入れません。現在は王宮として使用されていませんが、近い将来、文化センターなどとして利用する計画があるそうです。

新王宮と同様、観光スポットの一つで、観光バスなどがひっきりなしに訪れます。しかしここでの滞在時間は五分から十分程度で、観光名所の通過点の一つとしてとりあえず来てみたという程度でしょう。

✿ヘリテージセンター、マレーハウス　The Malay House

マレーシアの伝統的家屋が移築されています。この建物はマレーシアの歴史的建物の保護・保存を促進する団体「ヘリテージ・オブ・マレーシア・トラスト」によって管理されています。

伝統的な家屋は、ブンフル・アブ・セマンの家と称されており、マレー半島の北部地域ケダ州にあった一九一六年に建てられた高床式構造の建物で、もともと地元の長の住居として使用されていたものです。熱帯の気候に対応して内部は風通しがよく、快適に暮らすことができるようになっています。部屋はほぼ六畳前後で、五～六部屋あります。

ヘリテージセンター、マレーハウス

まず入口の階段を上ると事務室とコミュニティ・スペースがあり、それから一段上がると客用の寝室、さらにはプレイング・ルームがあります。そして、女性の社交場、ダイニング、台所と続きます。

移築家屋には靴を脱いで入ります。床が板張りでひんやりと涼しく、気持ちよく感じます。家屋の内部には一九三〇年代に作られた彫刻が美しい家具調度品、民芸品などが置かれており、かつての生活の様子が復元されています。とくに壁面の透かし彫りはデザイン的にも素晴らしいものです。

台所には鍋や調味料入れ、おたまなどの炊事道具や玉ねぎなどの野菜などの食材（むろんレプリカです）が、棚に整然と置かれています。寝室にはベッドが置かれています。

床下には織物を織る織機や作業机、農具などが雑然とした状態で展示されています。ここはかつては鶏などの家畜の飼育が行われていた場所でもあったのです。

壁面に新聞記事のスクラップのパネルが掲示されていました。二〇〇六～八年に移築のために移動させた様子を報じた記事です。移築するには建物自体を解体して行うのが普通ですが、この建物は構造が単純であり、軽量であったため、家ごと運んだようです。

✻クアラルンプール・シティ・ギャラリー　Kualalunpur City Galley

一九五七年八月三十一日に独立が宣言された広場に面して、旧歴史博物館と並び建つ白亜のヨーロッパ風の建物がこのギャラリーです。入口前には、「I ❤ Kualalunpur」と、赤色のシンボルの大きなディスプレイがあり、その前で記念撮影をする家族連れなどでにぎわっています。まるでカフェのような赤いテント装飾のある入口を入った部屋にはシティ・ギャラリーの建物の縮尺模型が置かれています。さらに市街地に関連する写真パネル、解説パネルでクアラルンプール市を紹介しています。

続いての展示では、かつての航海図に見る中世マレー半島周辺及びクアラルンプールの市街地の版画の地図などが額入りで壁に掛けられています。これらから、おぼろげながらその時代の姿をしのぶことができます。

次は「グレート・クアラルンプール」のコーナーです。ここには、精巧なクアラルンプール市街地のジオラマがあります。上空からクアラルンプールを眺めている雰囲気を味わえます。このジオラマは人気が高いようです。

シティ・ギャラリー

航海図などの展示

精巧なクアラルンプール市街地のジオラマ

クアラルンプールの伝統的な建物などのクラフト細工も並べられています。ギャラリー内の作業室ではクラフト工芸のワーク・ショップも行われているようで、ガラス越しにその動きを見ることができます。

広場側の大きな部屋には、クアラルンプールの歴史、自然などが解説された書籍が集められ、クッキーなどのお菓子をはじめとするお土産品、フィギュア、ポスト・カードなど記念品が販売されています

✽旧国立歴史博物館

クアラルンプール・シティ・ギャラリーに隣接してイギリス風の建物があります。一八九一年に建設された旧チャータード銀行の建物として使用されていたものです。三階建ての建物は、地上階のアーチとマレーシアの広葉樹ベリアン材で覆われた四隅のドームを持つ独特の設計です。

かつては国立歴史博物館として利用されていましたが、現在ではホテル、レストランとして生まれ変わっています。

なお、建物の前方に広がる広場（ムルデカ・スクエア）は、一九五七年八月三十一日にイギリスからの独立を宣言した場所です。独立記念日にはカラフルな民族衣装を身に着けたパレードがここで行われます。

広場の対面にあるスルタン・アブドゥル・サマド・ビルはムーア様式のコロニアル建築で、一八九一年にイギリス人建築家Ａ・

旧国立歴史博物館

C・ノーマンの設計で建てられました。当初は、イギリス統治下の連邦事務局として使用され、その後最高裁判所となり、現在は文化省管轄の建物となっています。

スルタン・アブドゥル・サマド・ビル

軍事・警察に関する博物館

マレーシア空軍博物館
警察博物館
国家記念碑
慰霊碑

東南アジア諸国は、長らくヨーロッパ列強の植民地として支配されてきました。やがて独立の機運の発展と共に独立戦争も経験しました。また第二次世界大戦では大日本帝国による大東亜共栄圏構想のため、その国土が占領された時期もありました。独立後は共産ゲリラとの戦いもあり、多くの試練を越えてきたのです。ここでは軍事・警察に関する博物館などを訪ねてみます。

✽マレーシア空軍博物館　Royal Malaysia Air Force Base

現在も空軍の基地でもあり、ゲートでは簡単なチェックが行われていますが、空港のような厳しいものではありません。格納庫の屋根には「Where it All Begine」（全てここから始まる）と書かれています。格納庫の前にはヘリコプターが三機、野外展示されており、操縦席に座ることもできます。もちろんエンジンは始動しませんが……。

格納庫の中には十三機の飛行機が格納された状態で展示されています。旧式のプロペラ飛行機など十機、ジェット戦闘機三機が、翼と翼が接するように並べられています。いずれも現役を引退した飛行機で、第二次世界大戦に参戦し活躍した飛行機もあります。

野外には大型の飛行機が置かれています。輸送機には荷物格納用の扉から機内に入ることができます。内部には多くの兵士が座った座席が残され、胴体後方が大きく開かれています。兵士たちはここからパラシュートで一躍空に舞っていったのです。

水上で離発着できる双発の飛行艇は内部の座席が除去されていますが、一〇席程度はあったようで、要人の移動用に供された機材のようです。またジェット戦闘機や、大型輸送機も野外に駐機しています。

マレーシア空軍博物館

ヘリコプターや小型の単発プロペラ練習機も見ることができます。操縦席に座ってみることもできるようです。

野外と格納庫の展示で、マレーシア空軍で用いられた飛行機の大半を見られると思うほど機種のバラエティが豊かです。

入口側にある平屋の建物が博物館です。航空隊の隊章、楯、兵士の服装、装備品などが展示されているほか、記念品でしょうか、航空兵士のフィギュアやイスラム風の剣なども見られます。

次の建物では、模型の軍用飛行機がケース内にぎっしりと並べられています。まるで模型屋のショーウインドウを見ているようです。すべて過去あるいは現役の空軍で活躍しているもののようです。壁には空

旧式のプロペラ飛行機

輸送機の機内に入ることができる

空軍に関する展示

軍兵士の集合写真やエンブレムなどが掛けられています。展示の中に、ヘリコプターの整備状況のジオラマがあります。一般人が普段は見られないものであり、興味深いものです。

これらのほかに、空軍兵士の装備品の一部や航空機のタイヤ、勲章、徽章なども少々ですが展示されています。また儀仗用の剣でしょうか、手入れが行き届き銀色に輝いている一メートルを超える長い剣が四本、専用の剣架けに掛けられています。男女の空軍兵士の制服を着用したマネキン人形がケース内に置かれています。

最後に見たのは壁面に掛けられたジャングル・サバイバルキットです。マレーシアにはジャングルが身近にあります。搭乗した飛行機がジャングルに不時着することもあり得るでしょう。そんな時に役立つキットがこれです。懐中電灯、時計状の磁石、飲料水、手袋、サバイバルナイフ、防水・防風のマッチ、非常用携帯毛布、固形燃料、レンズなどがあります。こんなものかとも思えますが、あくまで非常用だとするとこの程度でしょうか。ただ、レンズは何に使うのでしょうか。太陽光を利用して火をつけるためのものでしょうか？

✿警察博物館　Police Museum

国立モスクやマレーシア・イスラム美術館がある丘陵斜面に隣接して、警察の歴史などを紹介する博物館があります。この博物館は正式には、ロイヤル・マレーシア・ポリス・ミュージアム（略称ＲＭＰＭ）といいます。一九五〇年に二九二平方メートルの施設が警察学校

警察博物館

の中にできたのが始まりです。やがてさまざまな経緯を経て一九九四年七月二十四日に正式に現在の地で開館しました。館の収蔵資料数は二一九二点を数えます。

ここはマレーシア警察の警察学校にも隣接しています。守衛所から入って間もなく、右手に単発の飛行機、装甲車、大砲などが野外に展示されています。小型飛行機は目標に向かって旋回を始めたというように機体を斜めに傾けています。この小型機はセスナＵ２０６Ｇ—４で、一九七九年に導入されたものです。乗員五名、スピードは一二〇キロ、五時間三〇分持続航行が可能、一二〇〇フィートで離陸可能という性能を有していました。

装甲車は、数台置かれていますが、とくに注目されるのはレール上に置かれたものです。周囲を鉄板で防御した、まるで戦争用の小型戦車という外観です。相当の重量があるのでしょう。レール上を機関車に引かれてあるいは自走して移動するのでしょうか、その説明はありませんでしたが、おそらく後者でしょう。レール上の装甲車は行動距離は広がりますが、その広がりの距離はレールの上だけということで制約されると思います。この走行用の列車は「パイロット・トレイン」として一九五三年から緊急事態に出動してきましたが、一九六〇年にその役目を終えました。

さらに少し中庭を行くと、かつて日本軍が戦時中使用していた四一山砲と呼ばれる大砲が置かれています。この大砲は、日本軍が満州事変の頃から使用し始めたもので、歩兵用として各聯隊に複数以上配備されたことから聯隊砲とも呼ばれたそうです。このほか第二次世界大戦で日本軍と戦ったイギリス軍の大砲も中庭に置かれています。

また本館の端には警備艇が置かれています。マレーシアは海に囲まれており、海洋警察の重要性は大きく、このような警備艇を駆使するようになったのでしょう。この船は、マリーン・ボートＰＡ—４　２２２０と番号がふられています。一九六五年の製造で、四八トン、三〇ノットの速度で巡航することができ、

機体を斜めに傾けた小型機

戦争用の小型戦車のような装甲車

日本軍が戦時中使用していた四一山砲

海洋警察の警備艇

搭乗員は八名でした。船の前方に使用するのでしょうか、機関銃が設置されていました。このほかにもジープや運搬用車などが展示されています。

展示室は細長い平屋の建物で、受付には制服を着用した警察官が座っていました。少々威圧感を感じますが、見学したい旨伝えると、にこやかに案内パンフレットを渡してくれました。

マレーシア警察の成立から現在に至るまでの歴史を写真パネルを中心に展示・解説しています。初期の段階では制服もまちまちで統一がないように思えますが、まもなく整然とした服装になっていきます。制服の展示では、多民族国家を象徴するかのように多彩な服装があったことがわかります。

館内には金柵に囲まれ厳重に警備、管理された展示室があります。そこには拳銃をはじめとする比較的小型の銃器が集められています。展示ケースには、機関銃や拳銃が整然と並べられています。また自動小銃などは、刀掛けのようなところに上下二段に置かれています。この部屋の廊下側には机が置かれ制服警官が警戒の目を光らせています。しかし彼らは予想に反して社交的です。笑顔で、「どこから来たのか、お前は警察官か?」と話しかけてきます。

このほか記念の陶器製飾り皿や帽子、帽章、制服につけられる肩章、胸章あるいは功績のあったものに贈られる勲章などが展示されています。

✾国家記念碑　National Monument

レイク・ガーデンを見下ろす高台に設置されたモニュメントです。これらの像は一九五〇年代に勃発した共産ゲリラとの戦いで国家を守るために戦い犠牲になった勇敢な兵士たちを顕彰し慰霊するために建築されました。

丘陵上に方形に造られた人工池の中央に設置された兵士の群像は、足元に倒れている二人、負傷兵一人、それを抱き起こし銃を構えて警戒する三人、そしてその上に国旗をかざす兵士、合計七人で構成されています。作者は硫黄島メモリアルで有名なフェリックス・デ・ウェルドンです。これらの彫像は戦争の持つ悲惨さ、残酷さを表現しています。

✾慰霊碑

この記念像の建つ広場の一方に大きな方形の石碑が建てられています。これは、一九一四年から一九一八年、一九三九年から一九四五年、一九四八年から一九六〇年のそれぞれ間の騒乱で死去した兵士を慰霊するためのものです。

国家記念碑

兵士の群像

慰霊碑

植物園・動物園・水族館ほか

オーキッド・ガーデン
ハイビスカス・ガーデン
バード・パーク
KLCC水族館
バタフライ・パーク
バトゥ洞窟
ディア・パーク

マレーシアの熱帯性気候は、植物、動物、水生動物のすべての成育に快適な環境を提供しているようです。日本では見ることができないような花や動物、魚類など珍しい種類が多く、新たな発見があります。

動物園・植物園・水族館は、他の博物館とは展示される内容が異なります。展示対象がいずれも生き物であるということです。これらについては保管・収蔵とはいわずに「飼育・育成」と表現します。

一方、これらの施設は、広大な面積や多くの種類を蒐集し、飼育・育成しなければ成り立ちません。運営の陰には、他の種類の博物館以上の苦労があるのです。また鍾乳洞のバトゥ洞窟は自然が生み出したもので、博物館というものではありませんが、参考までにここで紹介しました。

✿オーキッド・ガーデン　Orchid Garden

文字通り、蘭が多数植えられている植物園であり、手入れが行き届いた自然公園です。とくに囲いをするわけでもなく、ただ多くの種類の蘭を計画的に植栽しているという印象でした。ただし、鉢植えのまま集中して置いているようでした。

オーキッド・ガーデン

しかし花の量は多く、花で構成された絨毯《じゅうたん》といってもよいほどで、その美しさには目を見張るものがあります。蘭といえば、せいぜい胡蝶蘭《こちょうらん》かシンビジウム程度しか知らなかったのですが、これほど多くの色彩、種類があることに驚きました。

ちなみに胡蝶蘭という名前の由来は、花の形状が蝶が舞って飛ぶ姿に似ているということからつけられたとされています。その原産地の一つが東南アジアであり、品種改良が進み、花が大きく丸くなってきたようです。胡蝶蘭は、日本でも最近ではお祝い用やお供え用の贈答に用いられる蘭の花としては最もポピュラーなものとなっています。

日本では気候の状態から温室で育てられますが、さすがにここでは畑に地植えされたものも多いようです。ハイビスカスが単体の観賞用に育てられているのに対し、蘭は群生させて美しさを強調するかのように多数の花で構成されています。

ガイドの話では、国内各所で行われる大規模な蘭の花の展示会にはここから大量に運び出されるとのことです。そうした需要に応えるため鉢植えにしているようです。展示会がある時は、この施設から蘭の鉢植えが一斉に消えてしまうとのことでした。

園内には蘭の花を商う花屋が軒を並べていました。訪問時間が悪かったのかどうかわかりませんが、あまりお客さんはおらず、店員も暇を持て余しているようでした。

美しい蘭がいっぱいの園内

✿ハイビスカス・ガーデン　Hibiscus Garden

オーキッド・ガーデンに続く丘陵上にたくさんのハイビスカスが植えられたところがあります。ここがハイビスカス・ガーデンです。オーキッド・ガーデンほど広くなく、やや見劣りがします。

正面には大きなハイビスカスの赤い花のモニュメントがあります。これは噴水の受皿として製作されたもので、周囲には小さな花がぎっしりと植えられています。

ハイビスカスの花言葉は「華やか」「勇敢」「新しい恋」「上品な美しさ」「繊細な美」などがあります。ハイビスカスといえばハワイ女性の髪飾りに使われることがよく知られていますが、原産地は東南アジアで、マレーシアの国花とされています。ハイビスカスは、アフリカのスーダンでも国花とされ、ハワイ

階段に並べられたハイビスカスの鉢植え

州の州花、日本の沖縄市の花としても指定されています。ハワイのハイビスカスは、東南アジアから伝えられた原種に改良を重ねた新種とのことです。

花の色調はレッド、オレンジ、ホワイト、ピンク、イエローなど多彩なものがあり、高さは三メートルに及ぶこともあるようです。

ハイビスカスはいずれも鉢植えで、地植えのものはほとんど見かけませんでした。とくに階段に等間隔に置かれた花はどれも低く育てられ、大きく色彩豊かな花は見る人を虜《とりこ》にするほど魅力にあふれています。

また大きく一メートルを超える高さまで育った枝の先には大輪の花が咲き誇っており、鉢植えでは見られない美しい姿を見せています。

＊バード・パーク　KL Bird Park

警察博物館のある丘陵中腹のさらに上方に鳥類を集めた専門動物園があります。東南アジア最大級の規模で、面積は三・二ヘクタールにも及び、広大な谷を含む土地を利用して造られています。ここで飼育されている鳥類の数は二〇〇〇種類を数えます。

鳥の原産地は、マレーシアだけでなく、オーストラリア、ニューギニア、タイ、インドネシア、タンザニア、中国、オランダなどの各国に及んでいます。ここでは鳥の逃亡や病原を持つ鳥の侵入を防ぐため、大げさに言えば谷全体が覆い尽くされています。園内では、一部のわけありの鳥以外はほとんど放し飼い状態で飼育されています。

入口は二重のゲージで内部と外部が隔離されています。出口もこの一か所のみなので、奥深くまで歩いてしまうと、帰りが大変です。出入り口付近にはたくさんの鳥が集まっています。外へ逃げ出すチャンスをうかがっているようです。

入口を通過すると通路に沿って鳥かごがいくつか設置されています。もっとも出入口に近い鳥かご内には、緑や黄色の羽をもつ大型のインコが体を寄せ合っています。まもなく小さな池とそこに流れ込む滝があり、ここでは白い小型の鳥が群れています。この鳥は園内のあちこちで出没します。さらに大型のくちばしの長い鳥が、小魚でも狙っているのか、水面に目を凝らしていました。

少し行くとシロガラトビがいました。この鳥は栗色の羽に白い頭と胸を持ち、羽の先が黒いという特徴を持ちます。アジア南部からオーストラリア北部の沿岸地域に生息しており、何でも食べる雑食性の鳥で、哺乳類、鳥、爬虫類、甲殻類などを捕食します。甲高い声で鳴き、その声は「ニャーア、ニャーア」あるいは「ニャオウ、ニャオウ」「ニャック、ニャック」などと聞こえるそうです。超大型で、羽根はあるが飛ばない（飛べない？）鳥、ダチョウも高い網の塀に囲まれた中広い草原で所在なさげに突っ立っていま

バード・パークの入り口

鳥かごのなかのタカ

す。

羽根を広げると、幅二メートル以上にも及ぶ孔雀は放し飼いにされているので、各所で美しい姿を見ることができます。まじかで見ると孔雀の羽根の美しさはすばらしく、結構迫力があります。

フクロウの鳥かごは、夜行性の鳥らしく少々薄暗く影になったところにありました。内部は暗くなっており、その様子をうかがい知ることはできませんでした。

このほか中央にある人工池には水鳥が数種類群れているのを見ることができます。さらに足の長い鮮やかな朱色のフラミンゴはフラミンゴ池と称される場所に群れています。

昼食時間と重なっていたため、多くの来場者が園内中央の売店兼休憩所でサンドイッチやジュースを買っていました。その近くには、おこぼれを求めて鳥たちが集まってきます。油断してせっかくの食事を横取りされてしまった人もいたようです。

✻ＫＬＣＣ水族館　Aquaria KLCC

クアラルンプールのシンボルともいうべきツインタワービルに近い商業ビルの地階に設けられた水族館です。

エレクトリック・キャット・フィッシュ

入口を入るとすぐにピラニアの水槽があり、おびただしい量のピラニアが群をなしています。次にタッチプールがあります。小さな円形のプールが四個あり、インストラクターの指導で生物を実際に触れるという体験学習コーナーです。中にいる生物はカブトガニ、ヒトデ、サンゴなどですが、このほか小魚を手ですくって籠に入れるというような体験もさせています。

「DANGER High voltage」と表示された水槽があります。中には水草の陰に巨大な電気ウナギがいます。このほか「Electric Zone」とある水槽二個には体から電気を発する電気ナマズなどが飼育されています。

ＫＬＣＣ水族館のピラニアの水槽

エレファントノイズ・フィッシュという中央アフリカから西アフリカに生息する電気ナマズの一種は象の鼻のような突起を持つ頭部に特徴があります。最大三五センチ程度になり、濁った流れの緩やかな川や沼に住む雑食性の魚で昆虫をもたべるそうです。さらにエレクトリック・キャット・フィッシュ（電気ナマズ）はアフリカ原産で、肉食性で常に変わらない水あるいは緩やかな流れの岩盤の陰などに生息し、最大一二二センチにもなるそうです。

なぜか、蝶や昆虫の標本が並べられています。東南アジア諸国の水族館では珍しくないようです。小さなケースには沢ガニや小型のトカゲなどが入れられ、カエルのたまごからオタマジャクシ、さらにカエルになるまでの生きた状態のサンプル展示の水槽があります。

下の階に下りる螺旋《らせん》階段の中央に円柱形の水槽があり、小魚が群遊しています。階下のフロアでは、目の前に広大な水槽が広がり、大型小型のたくさんの魚が飼育されています。

まもなくサメの大きな口が入口となっているトンネルがあります。ここは水槽の中を通って左右天井に泳ぐ魚を見ることができる水中トンネルです。トンネルは約九〇メートルで、大きく左右に曲がっており、床には動く歩道が設置されています。まるで回転寿司のレーンのようです。長い水中トンネルに飽きてきた頃に終点につきます。

ここからも展示ケースが続き、最後はエスカレーターで上階に戻ります。ミュージアム・ショップを経てようやくこの見学は終わりとなります。ショップでは子供が喜びそうな魚のクッションや人形が多数置かれていましたが、ガイドブックや絵葉書などの定番商品はありませんでした。

約90メートルも続く水中トンネル

✽バタフライ・パーク　Butterfly Park

マレーシアをはじめ熱帯気候に属する地域は、多くの珍しい蝶が生息している宝庫であることはよく知られています。レイク・ガーデン地域には、いくつかの観光（生涯学習）施設が設けられていますが、このバタフライ・パークもその一つです。

ここではマレーシアに生息する蝶を集めて飼育しています。入口には蝶などの脱出を防ぐためのプラスチック・リングをつないだ暖簾状のバリアがあります。

内部は色鮮やかな熱帯特有の花々が咲き誇っており、それらの上を蜜を求めて小さな蝶が乱舞しています。花に蝶が羽を広げて止まった瞬間がシャッター・チャンスなのですが、残念ながら、そううまくはチャンスは回ってきません。家族連れで訪れている人の中には、子供と蝶と花を入れて撮りたいのでしょう、子供を花のそばに立たせて、ひたすら蝶が来るのを待っています。そのうち子供がむづがり始めたようです。家族サービスの証拠写真は蝶頼みでは難しそうでした。

園内を悠然と飛ぶ蝶

パークは中央に水の流れを配し、そこに橋をかけています。しかし肝心の蝶は、植物や花がいっぱいの庭園には興味がないらしく、花の咲いているところよりもさらに上空を飛んでいます。せっかくの植栽も人間様の通路となっています。

なお、さぞや蝶の乱舞を見られるだろうと期待して入った方には、季節によっては見事に肩透かしということになるかもしれません。二〇一一年十一月と二〇一二年三月と二度訪れましたが、前回のほうが蝶の数は少なかったようです。

ところで、マレーシアの国蝶に指定されているのが、正式名をアカエリトリバネアゲハという大型の蝶です。黒い部分に薄い緑色の文様が規則正しくみられる美しい蝶です。一八五五年、進化論者ウォーレスがサワラク州クチンで発見し、ブルネイのサルタン継承者からラジャ（王）の称号を与えられました。その後、サラワク州を一〇〇年間統治したイギリス人ジェームズ・ブルックに由来して、種名をラジャ・ブルックと名付けられています。現在マレーシア全土で生息していますが、とくにキャメロン・ハイランド周辺は有名です。

現在マレーシアでは、自治体・施設によって蝶の採集が禁止あるいは規制されていることがあります。とくに、ワシントン条約に抵触する蝶の持ち出しや日本への持ち込みは禁止されていますので、十分ご注意を。

蝶の飛ぶ園内の出口付近に教育ギャラリーという資料展示室があります。ここには蝶の標本が額装されて掲示されていますが、ケースの標本には蝶だけでなくさそりやクモ、カブトムシ、蛾なども含まれています。このギャラリーの入口の壁にはさなぎを板に吊るしたものがあり、羽化したものから順に外されているようでした。ギャラリーの中には多くの蝶の標本が標本箱のまま壁にかけられています。

また、なぜかこの施設では蝶のほかにワニガメやさそり、ミミズ、錦鯉などが飼育されています。

ミュージアム・ショップが出口付近に関所のように設置されてい

蝶の標本がぎっしりのミュージアムショップ

ます。ここでは蝶の標本が単体、複数などさまざまな組み合わせで販売されています。特に珍しい大型の蝶は価格が高く設定してあります。商品としての標本は、実際に飛んでいる蝶よりも美しいのではないかというほど整った状態のものが多く並べられていました。販売しているのは大半が標本類で、ポスト・カードなどミュージアム・ショップでの定番商品は少ないようです。

✤バトゥ洞窟　Batu Caves

マレーシアは石灰岩の山が多く、このためあちこちに鍾乳洞のできる洞窟があります。クアラルンプールの市街地からわずかに郊外に位置するバトゥ洞窟も、その代表的な洞窟です。

現在、ヒンズー教の聖地として寺院が建てられています。洞窟入口までは二七二段の階段を登ることになります。階段の前には黄金に輝くヒンズー教のムルガン神の巨大な立像が建てられています。訪問時には外面の金の塗装補修工事が行われており、ほとんどが養生用テントに覆われていました。

階段を登り終えると眼下に市街地が広がり、素晴らしい眺望です。わずかな平坦部分を過ぎると道は下りになり、最後は洞窟入り口まで登っていきます。洞窟の入口（開口）にはヒンズーの神々をまつる祠があり、鍾乳洞のある自然な洞窟というには少々人の手が加わりすぎという印象を持ちます。

階段を登り切る直前にダーク洞窟と呼ぶ別の洞窟が口をあけています。民間の団体が観光客相手に洞窟探検ツアーを行っていました。

バトゥ洞窟への階段前にある巨大な像

階段の途中では十数匹の野生のサルが群れをなしており、空き缶などを転がして遊んでいました。

✽ディア・パーク　Dear Park

レイクガーデンの中にある二ヘクタールに及ぶ広大な起伏に富む敷地で鹿が飼育されています。鹿は、オランダから連れてこられた、体に斑点のある種類で、おとなしい性格の動物です。このほか昔の民話に登場するカンチルという豆鹿を見ることもできます。私は体験できませんでしたが、ここで飼育されている鹿に餌を与えることもできるようです。

美術・彫刻に関する博物館

マレーシア・イスラム美術館
アジア美術博物館（マレー大学構内）
アセアン彫刻公園
ペトロナス・ギャラリー
国立美術館
国立銀行芸術センター

マレーシアの美術館には、現代活躍中の芸術家の作品やマレーシア各地に先住した人々やその系譜を引く芸術家たちの作品が収集され、展示公開されています。

国立美術館のほか、企業などの芸術活動支援として行われている企業立の美術館も見られます。

✻マレーシア・イスラム美術館　Islam Art Museum Malaysia

国立モスクに隣接するイスラム美術を収集展示する美術館です。建物の外壁には、ブルーを基調とするアラベスク文様が描かれたタイルが貼られています。見る角度によると全面にタイルが貼られている建物のようにも見えます。

この博物館は一九九八年に開館しました。建物は地下一階、地上三階建てで、レベル1、レベル2の二フロアの展示室から構成され、面積は三万平方メートルという広大なものです。

エレベーターでまずレベル2にのぼり、そこから下がってくるのが最も楽な見学順路でしょう。レベル2のフロアには陶磁器、テキスタイル（織物）、コイン・紋章、木材工芸、金属工芸宝石・貴金属、武器・武具などのコレクションを展示するギャラリーがあります。

少し詳しく見ていくことにしましょう。宝石のコーナーでは、エジプト・シリアの十一世紀の金のイヤリング、ウズベクの宝石と銀でできた王冠などがあります。武器。武具のコーナーでは、インド・パキスタンで十九世紀につくられた刀やトルコで十九世紀に使用されたピストル、イランで十八〜十九世紀に見られた兜などがあります。

織物では十九世紀カシミールの婦人用コート、インド・パキスタンの一八〇〇年頃の壁掛け、十九世紀の絹製のコートなどを見ることができます。木材工芸品では、スペインの十六世紀の引き出し付きの物入れ、イランの十九世紀中頃の薬箱があります。

コイン・印章のコーナーでは、イランで一七二二年に発行された銀貨

マレーシア・イスラム美術館

や印章などがあります。金属工芸のコーナーでは、一二〇〇年にイランで作られたインク壺、オスマントルコの一八〇〇年に作られた蓋付容器などがあります。

陶磁器コーナーでは、十世紀ころのイラン陶器の鉢は内面に鉄釉でアラビア文字文様が描かれています。十三世紀バーミアン地方の釉薬が施された把手付壺は、独特のブルーが美しいものです。このほかイスラム圏の陶磁器で忘れてならないものにタイルがあります。博物館の外壁を飾っているアラベスク文様を含めてイスラム圏の陶磁器の文様は草花を基調として変化させたもので、特徴的なものです。そのタイルでは、十三世紀のイランのものやトルコの十七世紀の製品などがあります。レベル1のフロアでは、建築、手描き本・写本、インド、中国、マレーの各ギャラリーがあります。

建築のコーナーでは、イスラム教寺院モスクをはじめとする代表的な建築模型が多く見られます。インド・タージマハル、メッカのアル・ハラム・モスク、ウズベキスタンにあるアミール・ティムール廟などがあります。

次は手描き、筆写本のコーナーです。ここには、アンドルシアで十三世紀に書かれたコーランの断簡、十六世紀オスマン・トルコの時代の絵入り本、一八七五年にイランで造られた写本の表紙などがあります。

インド、中国、マレーの各ギャラリーでは、イスラム美術（芸術）がいかに花開いたかを見せる展示が行われています。

インド・ギャラリーでは、ムガール帝国の時代の三世紀にまで遡り、インドのイスラム教の歴史がわかります。イスラムの儀式用の小型剣や、十九世紀の銀製の燭台、十七世紀の鳥形瓶など金属に細工を施した工芸品が見られます。

中国ギャラリーに、十八〜十九世紀頃の香炉がありました。側面にアラビア文字を施したもので、中国陶磁の特徴とイスラム地域の特徴が融合したものです。青い施釉陶器に銀の口を付けた長頸壺は一六六二〜一七二二年頃のものとされています。

マレー世界のギャラリーは、マレー半島、スマトラ、ジャワ、南フィリピンにおける五〇〇年に及ぶイスラムの歴史の中の伝統、芸術を見ようとするものです。十九〜二十世紀のフィリピンの小型剣、十九世紀から二十世紀のマレーシアで用いられた素朴な飾り板（メダル）などがあります。

この博物館を一巡すると、イスラム世界の芸術文化がおぼろげながらわかってくるような思いに浸れます。最後にレベルGにあるミュージアム・ショップに立ち寄ってみました。ここにはイスラム美術に関する書籍がかなり集められています。またガイド・ブックやポスト・カード、アクセサリーなど博物館グッズもも充実しています。

✻アジア美術博物館（マレー大学構内）Museum of Asian Art

クアラルンプール市街にあるマレー大学のキャンパスの一画にある博物館です。講義棟とは隣接していますが独立した建物です。建物は小豆色に塗装され、三階までの各フロアが展示室として使用されています。建物の入口にはマレー語と英語で館名が表示されています。

受付は、地元産の黒っぽい木材で囲まれた壁の内側にあり、入口の上には「Muzium Seni Asia」と金文字で書かれています。受付にはイスラム独特の布をまとった女性が朱塗りの机の前に座っています。そこで

アジア美術博物館

見学したい旨告げると、どうぞと内部へ招き入れてくれます。

一階はマレーシアの民俗資料の展示です。砂糖製造に用いられたという木製の砂糖絞りの道具は、長年使いこまれた痕跡がよく残されています。解説には一九七〇年に採集されたとあります。併せて当時の作業風景の写真も掲げられています。その横には農作業用の菅笠がかけられていました。

このフロアの右側半分をほぼ占拠するように、ガムラン音楽で用いられる各種の打楽器が規則正しく配置されています。これらの楽器そのものの演奏も行われるようですが、操り人形とともに演じられることはよく知られています。たまたま居合わせた女子学生がこのように演奏するんですよとばかりに、奏者席につき楽器を打ち鳴らしてくれました。演奏の技術は……？　しかし彼女の親切には感謝。このガムランの調べにのって、マレー半島からインドネシアにかけての祭りに用いられる仮面や影絵人形などが並べられているコーナーを巡っていきます。

小さな展示ケースに木製の日本のコマのようなものに紐がまかれた遊具、あるいは彫金が施された銀（錫）製の円形、六角形の小型の宝石箱、あるいはブローチや髪飾りなどのアクセサリーも見ることができます。

二階フロアも民族資料が集められています。とくに先のガムランの楽器と共に催しで演じられるワヤン人形などが中心となっています。人形芝居や影絵人形など東南アジア地域で見られるさまざまな人形がここで展示されています。またイスラム独特の装飾を伴う剣なども展示されています。

三階のフロアでは、壁面のガラスケースに二～四段の展示棚をつくって世界の焼き物が展示されています。タイのバンチャン土器は紀元前三六〇〇～二五〇〇年の製作とされており、土色の地に赤茶色の顔料で曲線文様を全面に施した独特なもので、大小の壺や脚付壺などがあります。時期が少し下がるとスコタイ地域に見られるスンクワロク陶器があります。ここではスコタイ陶器として紹介されています。小型の合子形陶器平皿、鉢、壺など多種多様なものが集められています。厳密な時期が示されていませんが、新旧の年代差がありそうです。この製品は中世末以降の日本でも盛んに輸入され、茶人に珍重された陶磁器の一つでした。タイからカンボジアの地域に勢力をもったクメール王朝の時代にはクメール陶器がつくられ流通しています。彼らはアンコールワットなどを造り上げた民族として知られていますが、クメール陶器も東南アジアを代表するものでした。

中国は、アジアの文明をリードしてきましたが、陶磁器の世界にあっても世界に冠たる国です。漢時代には既に陶磁器が完成の域に達しており、多くの墳墓に副葬された、豚舎や農家など時代の生活感を漂わせる多くの作品を明器《めいき》と呼んでいます。また秦始皇帝によって作られた兵馬俑などをはじめ、唐時代には

木製の砂糖絞りの道具

ガムラン音楽を演奏してくれた女子学生

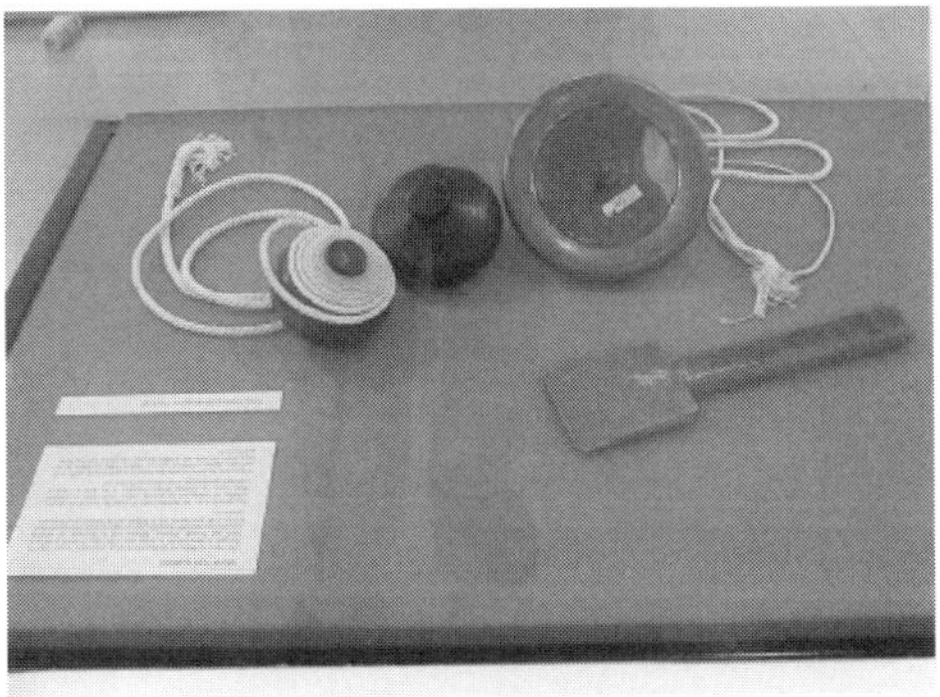

日本のコマのような遊具

日本製の陶磁器

色調豊かな唐三彩を創りあげ、日本にも大きな影響を与えています。宋時代には青磁、白磁、青白磁など世界的に注目される磁器を生産し流通させています。

この博物館にも、それらの陶磁器の代表的な器形である碗、鉢、大皿、壺などを見ることができます。珍しいものでは鉄釉のかけられた陶枕もあります。

展示収集の対象となっている焼き物の産地は、ヴェトナム、パキスタン、トルコをはじめヨーロッパ、日本の陶磁器にまで及んでいます。

日本陶磁では伊万里焼の紹介があります。とくに伊万里焼が朝鮮陶工李参平によって一六一六年にもたらされたことがパネルに書かれています。ケースにはやや大ぶりの赤絵皿、壺などが並べられています。

一方、アラブ世界でよく見かけるアラジンのランプというような独特の意匠の壺、アラベスク文様を施したものも多く集められています。

さらにこのフロアでは、石造彫刻の展示も行われています。ヒンズーの神として祭られていた石像彫刻が展示台上に置かれています。このほかペーパーナイフや日本では江戸時代に流行した矢立に似た携行用の筆ペン、色彩豊かにアラベスク文様が施された琺瑯の

イスラム風の水差し

容器やタイルなどイスラム関係の作品として展示されています。

名門マレー大学に付属する博物館ですが、広く一般にも公開されており、そのコレクションも陶磁器およびマレーシアの民族資料が中心として収集されています。とりわけ陶磁器は全世界にその関心の対象が及んでおり、国際性豊かで興味の持てる内容でした。

✽アセアン彫刻公園　ASEAN Sculpture Garden

国家記念碑のある丘陵にある野外彫刻公園です。アセアン（東南アジア諸国連合）の初期の加盟国六ヵ国の代表的な作家の作品が展示してあります。

作品の素材は金属、木材、石材などですが、多くは金属が使用されています。題材はコンテンポラリーな抽象的な作品がすべてといえます。それぞれに作者名と国名、さらにテーマについて簡単な案内板が建てられています。

この彫刻公園にある作品のいくつかを紹介しておきましょう。

「成長」と題された作品は、マレーシアのシイド・アマド・ジャマル（syed Ahmad Jamal）が、マレーシア大理石の厚い板を鉄筋コンクリートを用いて製作したものです。二〇本の曲線を描くスラブがコンクリートの台の上に直立する形で建てられています。これはアセアンの動態

アセアン彫刻公園の作品「平和へ」（左）「成長」（右）

的な成長を表現しています。

「平和へ」と題された作品は、最も国立記念碑に近い丘陵裾にあります。この作品はシンガポールのハン・サイ・ポール（Han Sai Por）がマレーシアの大理石を用いて製作したものです。六個の大理石に彫刻されたもので、それぞれがアセアンの成長、ユニティ、平和、調和、進歩を記号化したものを表現しています。

このほかの作品も抽象的な形状の彫刻ばかりですが、アセアン諸国の彫刻家がアセアンの将来像を考えて製作されたものばかりです。作品の材料はステンレス、ガラスなどで、芝生の緑と調和しています。

観光客の多くは気がつかずに通り過ぎていきますが、国家記念碑の見学のついでに立ち寄れる場所です。

✻ペトロナス・ギャラリー　Petronas Art Gallary

首都クアラルンプールの象徴としてそびえるツインタワーは高さ四五二メートルのオフィスビルです。このビルは日本と韓国の企業によって建設されました。一九九八年に完成し、以来二〇〇三年まで世界で最も高いビルとして知られていました。

二つのビルの中間にあるショッピングセンターには、世界中のブランド品が集まるスリアＫＬＣＣがあり、日本の紀伊國屋書店も四階に出店しています。この三階フロアを利用して造られているのがこのギャラリーです。訪問した時は写真展が開催されていました。展示されている写真にはテーマが設定されています。たとえばスポ

クアラルンプールの象徴
ツインタワー

ペトロナス・ギャラリーの写真展

ーツのコーナーでは水球、フットボールなどが取り上げられ、社会とアートというコーナーでは、事件と写真・新聞とのかかわりについて意識した展示が行われていました。

これまでに行われた展覧会の図録は入口脇のミュージアムショップで購入できます。その図録を見ると現代アートと呼ばれるジャンルの作品の展示が多いようです。

この施設は、四階のペトロサインスと共に国営石油企業の支援によって運営されています。国家を挙げて芸術活動を応援していくという姿勢の表れでしょう。

✽国立美術館　National Fine Art Museum

規模の大きい建物です。中央部分が吹き抜けとなっており、その周りを螺旋《らせん》状に通路が巡らされており、その外側部分に展示室があります。各階の展示室ごとに個展のように異なる展示が行われているようです。ここでは、マレーシア国内に限らず海外の優れた芸術家の絵画・彫刻などの美術作品を展示しています。とくに実験的な作品の解説ツアーも行われているようです。

国立美術館

✻国立銀行芸術センター　National Bank Art Center

国立銀行が設置している美術ギャラリーです。多くの絵画作品が展示されており、この銀行の社会還元（メセナ）事業の一端を知ることができます。国立銀行が芸術作品を収集するようになったのは一九六〇年からで、マレーシアの芸術家を強力にサポートし始めたのもこの頃からでした。

ビルの四階の広々とした開放された広い空間がこのギャラリーに充てられています。主として地元の芸術家の作品を展示し、その芸術活動を支援しているようです。

またこの同じビルの三階では貨幣博物館があり、同じ建物で異なる性格の博物館展示が見られるという貴重な体験ができます。

国立銀行芸術センター

科学に関する博物館

国立電気通信博物館（テレコム博物館）
ペトロサインス
国立プラネタリウム
国立科学センター

東南アジアは現在もっとも発展しつつある地域です。なかでもマレーシア、シンガポールというマレー半島にある二つの国は発展が著しいといえます。マレーシアにはさまざまな博物館がありますが、科学技術の分野では国営石油企業が創設したペトロサインスや国立科学センターや国立天文台などがあり、国がこの分野で若者の教育に力を入れていることが伝わってきます。

✤国立電気通信博物館（テレコム博物館） Museum Terecom

マレーシアの電報電話局のビルの二階、三階にある通信、電話に関する博物館です。

入口には赤い公衆電話ボックスが置かれています。まるで赤い服を着た門衛が両側に立っているかのようです。中には黄色の電話があり、ドアの外には「DISPLAY ONRY」とプリントされた紙が貼られています。博物館の展示用の公衆電話ボックスであると表示しなければ間違って入ってしまう人がいるということでしょう。日本でも携帯電話の普及と共に公衆電話ボックスがほとんど消えてしまいました。携帯電話を持ち歩かない老人の方たちは本当に不自由しています。

国立電気通信博物館（テレコム博物館）

原住民が用いていたさまざまな通信手段の展示があります。木をくりぬき、それを棒でたたいて音を出し情報を伝えるものがとくに目を惹きました。

次にさまざまな電信機器、とりわけ電話機の発展過程がわかるように並べられています。携帯電話は現在のものと比べるとかなり大きく重いものでした。一九八五年に使用されたもので四五〇メガヘルツでした。これらを見たのちさらに展示室を進むと、ジャングル内でモールス信号を打つ通信員の姿がジオラマで示されています。唯一の通信手段として活躍していた頃の姿を見ることができます。

また、災害救助に利用された通信の例がジオラマで展示されています。一九二六年災害時の情報の乱れがその教訓として生かされるように救命ブイや位置を知らせる装置も通信手段として重要なもの

木をくりぬき棒でたたいて音を出し
情報を伝える

ジャングル内でモールス信号を打つ通信員

です。

本格的な電信装置の電話が普及に伴い、それらに従事している人物を表現したジオラマもあります。

✤ペトロサインス　Petoro Sains

クアラルンプールのランドマーク、シンボルでもあるツインタワービルの中央に二つのタワーをつなぐビルがあります。ショッピングセンターが入るこのビルの四階にある科学技術に関する博物館がペトロサインスです。

順番待ちの長蛇の列の最後尾に並びます。体験型科学館ですので子供が多いのは当然ですが、意外と大

オイルプラントのコーナー

ダークトレイン

人もたくさんいます。ダークトレインという半球形の「お椀の船」に乗って出発です。定員は大人五名程度、子供は倍程度乗れるようです。ジェットコースターのようでもあるのですが、スピードは極めて遅く、暗闇の中をゆったりと進んでいきます。途中にはジャングルのジオラマや海岸の波、あるいは山上の雲海などが映像で壁面に写されます。この景色を楽しみながら約五分程度で終点となり、ここからは歩くことになります。降りたところに「Before You begin」という文字が表れます。ここから進化の過程が始まるという意味でしょうか？　小さな小窓に生物の進化の様子が示されています。

原始時代の土器や伝統的な織物など歴史を遡っていきます。影絵芝居で知られるワヤン人形なども展示されています。やがて時代が下がって王朝時代になると周囲が明るくなります。花が咲き、そこへ人々が集まる、いわば花見の風景が展開します。やがてカラフルな照明のトンネルを抜けると、そこには地質時代の地球があります。中央には巨大な恐竜時代のジオラマが置かれ、周囲の壁面には地層や火山のメカニズムを子供たちにも理解できるようにゲーム感覚で解説しています。ジオラマには恐竜や化石でしか見ることのできない植物が復元されています。ジオラマの片隅には火山が噴火した後、火砕流となって山を流れ下る様子を見せています。

さらに進路を進むと「ペトロサインスA」と表記され、黄色い太い管が林立する場所に出ます。ここはオイルプラントのコーナーです。ペトロサ

郵便はがき

料金受取人払郵便

本郷支店
承　　認

5402

差出有効期間
平成26年4月
19日まで

1 1 3 8 7 9 0

（受取人）

東京都文京区本郷 3-3-13
ウィークお茶の水2階

㈱芙蓉書房出版　行

ご購入書店

（　　　　　区市町村）

お求めの動機
1.　広告を見て（紙誌名　　　　　　　　　）　2. 書店で見て
3.　書評を見て（紙誌名　　　　　　　　　）　4. DMを見て
5.　その他

■小社の最新図書目録をご希望ですか？（希望する　　しない）

■小社の今後の出版物についてのご希望をお書き下さい。

愛読者カード

ご購入ありがとうございました。ご意見をお聞かせ下さい。なお、ご記入頂いた個人情報については、小社刊行図書のご案内以外には使用致しません。

◎書名

◎お名前

年齢（　　　　歳）
ご職業

◎ご住所　〒

（TEL　　　　　　　　　）

◎ご意見、ご感想

★小社図書注文書（このハガキをご利用下さい）

書名	円	冊
書名	円	冊

①書店経由希望 （指定書店名を記入して下さい） 書店　　　　店 （　　　　区市町村）	②直接送本希望 送料をご負担頂きます お買上金額合計（税込） 2500円まで……290円 5000円まで……340円 5001円以上……無料

実物のレーシングカー

テレビ画面を見ながら運転体験

インスのスポンサーが国営石油企業のペトロサイエンスであることは知られていますが、ここでは本業をジオラマなどで説明しています。プラントの構造や設備については詳しく説明するガイドがいました。

モーターリゼーションのコーナーではレーシングカーが登場します。カーレース場のスタートラインに並ぶレーシングカーがあり、前方のテレビ画面を見ながらハンドルを操作したりアクセルを踏み込むことができます。ここは子ゲームセンターにあるドライブ・ゲームと同じようなものです。ここは子供たちばかりでなく大人にも人気で混み合っていました。実物のレーシングカーも次の展示コーナーで見ることができます。それはBMM社製のレーシングカーで、タイヤの断面を示し、構造を説明しています。間もなく長い筒の曲がりくねったものが現れます。これはよく見ると滑り台でした。子供たちは近くにはいませんでした。

最後にミュージックコーナーがあります。ここでは電子音による音楽が楽しめるように多くの機材が並んでいます。

ここでようやく終点です。でダーク・ライドに乗って出口に向かいました。

✻国立プラネタリウム　National Planetarium

プラネタリウムはレイク・ガーデンの高台にあります。国立プラネタリウムは一九九〇年から建設が始まり、一九九三年にオープンしました。ブルーの円形の屋根をもち、近接する国立モスクと似た印象を与えるユニークな建物です。プラネタリウムの表示から長い階段が続きますが、その階段もブルーに塗装され、ドームの屋根の色と同じです。長い階段を上って入口から眺めるレイク・ガーデンは、緑豊かな自然でいっぱいです。入口を入るとすぐに展示室です。

正面には人工衛星、星座の話などのパネルがあります。次にあるパネルでは宇宙の現象を解説しています。「The Red Plant」と名づけられたジオラマは、探査カメラで惑星の表面を観察するという設定です。スイッチを操作して手元のモニターに自分の顔が写るようにしてみようというものです。またこのカメラ自体は根元に設置された太陽電池から供給されたエネルギーで動いているという設定でしょう。

無重力室という部屋もあります。ここでは宇宙での無重力について学びます。

このほか天文、とくに宇宙についての謎について多くの写真パネルなどで説明されています。近年マレーシア人の宇宙飛行士が宇宙に飛び立ったこともあり、この方面への関心はとくに高まっているようです。ス

宇宙に関する展示

国立プラネタリウム

ペース・シャトルを装備したロケットの模型が置かれ、その奥にはロケットのエンジンの噴射部分の実物大模型が置かれています。

過去の天体観測の先駆者やその内容を紹介する古代の天文コーナーも設けられています。

円形屋根の下は一見天体観測用のスペースのようですが、実はプラネタリウムの投影室です。プラネタリウムの映像による教育プログラムには、星空の世界を楽しむプラネタリウムショーやフィルム編集された映像などがあります。

また館の左手には、多くの人数を収容できるホールがあります。右手奥にはイスラム信者のためにお祈りのスペースの案内があり、イスラム教国であることを認識させられます。なおプラネタリウムを挟んで、右手にはレストルームがあります。

✻国立科学センター　National Science Centre

クアラルンプールの市街地から少し離れた郊外にある科学博物館です。建物は巨大な蛇腹のようなジオデシックドームに覆われた円錐台という、奇妙な形をしています。この施設はマレーシアにおける科学技術の振興を目的に一九九六年に設立されました。将来を担う子供たちにわかりやすく科学技術を教えるというコンセプトで展示が構成されています。

入口を入ると、まるで水族館のような水槽で魚が飼育されている様子が目に入ります。水槽の水の浄化や酸素の供給の装置がガラス窓越しに見えるようになっています。少し行くとまた水槽があります。ここでは観客が

国立科学センター

宇宙関連の展示

水族館のような水槽

トンネルをくぐるようになっており、大小の魚が自由に泳いでいる様子が観察できます。魚の学名や特徴について学習できるよう名称が記されています。十メートル余りのトンネルをくぐると、科学技術のさまざまな現象をゲーム機のようなもので確認するというコーナーに出ます。

子供たちに人気があるのは無重力を体験するコーナーです。ロープに吊るされた状態で月のクレーターを歩くというもので、飛び跳ねるように歩く姿は滑稽でもあり、周囲の笑いが絶えませんでした。

建物の中央は円形の吹き抜け構造で、周囲に展示室が見られます。また最上階には実験室がいくつかあります。見学の生徒たちに学習指導するスペースのようです。

この施設は体験型の博物館であり、インストラクターは多数配置されていますが、主役は子供たちでした。

中央一階にはロケットが置かれています。マレーシアでは二〇〇七年に初めて宇宙飛行士が誕生し、とくに青少年に夢と希望を与えています。ここでも宇宙関連の展示が行われています。その横にはステージがあり前に座席が用意されています。また同じフロアには子供用の遊具もあります。人体の構造も、食物を食べるところから始まり解剖図が示されています。この隣に吊り下げられている骨格模型は少々不気味ですが……。

国を挙げての科学教育普及の基地としての役割を、このセンターは十分果たしているように思えました。

産業経済に関連する博物館

ロイヤル・セランゴール・ショールーム及び工場
国立銀行貨幣博物館
クアラルンプール鉄道駅資料展示コーナー
国立テキスタイル（織物繊維）博物館
文化工芸博物館

ここでは、産業経済に関連する博物館を紹介します。マレーシアは錫をはじめ石油、ゴムなど天然資源に恵まれた国であり、それに関連する博物館があります。また、国立銀行が設置している貨幣博物館は必見でしょう。産業に関連して、錫製品の工場や織物や工芸の博物館などがあります。

✤ロイヤル・セランゴール・ショールーム及び工場　Royal SelanGor Pewter Factry

マレーシアを代表するピューターすなわち錫製品の生産工場を見学しました。広大な敷地の中にガラス張り、二階建ての近代的な建物があります。これが、世界的に知られる錫製品メーカーのロイヤル・セランゴール社の工場とショールームです。建物の右手に大きなビールジョッキがあります。ギネスブックにも記載されていると表示されていました。高さ一・九七メートル、重さ一五五七キログラム、容量二七九六リットルです。普通のビールジョッキの何倍分になるのでしょうか?

受付で見学ツアーの申し込みをしました。ちょうどランチタイムでもあったので、一階奥にあるコーヒーショップに立ち寄ってみました。カレーライスやスパゲテイなどの簡単なメニューでしたが、価格も安く味もまあまあおいしい方でした。カプチーノとエスプレッソは七・五リンギット（約一八八円）、ダブルエスプレッソは九リンギット（約二二五円）、紅茶ではアールグレイ、イングリッシュ、ブレックファースト、グリーン、アイスレモンなどが八リンギット（約二〇〇円）でした。

再び入口に戻ります。そこを入ると斜めに動く歩道があり、二階フロアまで運んでくれます。

最初のコーナーは、錫製品の展示ギャラリーです。大きなワニの木製の彫刻が目に入りますが、ケース内には小さな錫製のワニが並べられていま

大きなビールジョッキのモニュメントがあるロイヤル・セランゴール社

錫製品のカップ

19世紀後半のティーポット

す。これらは昔、貨幣として流通していたのです。現代では紙幣が主で、さまざまな材料や形状の貨幣は姿を消しています。錫は銀色に輝いており、不純物が混ざっていない限り光沢は失われないようです。また錫は削りかすもリサイクルできるという性質を持っています。ここにあるティーポットは十九世紀後半の作品です。珍しい形状の錫製品のコーヒーカップのセットは一九三〇年から一九三八年に製作されたものです。

　展示室に錫の削りかすを集めている所がありました。ここで集めた削りかすから相当数のジョッキができるということを聞いて驚きました。錫の溶解温度が低いこと、またさびにくく軽量であることから、その用途は広範です。

　錫製品の展示を見終えてから工場へ進みます。ここでは手作業で仕上げているコップやジョッキを見ます。コップの製作では、表面を金づちで叩きだし延ばしていく手法が用いられており、見学者がその作業を体験することができるようにもなっています。

　さらに進むと、錆《さ》びない錫製品のカップやメダルの製造現場を見ることができます。「F1グランプリ2010上海」の

珍しい形の錫製品のコーヒーカップのセット

優勝楯は円形の輪を炎が支えるというデザインの錫製品です。

見学を終えると、商品展示場へ案内されます。手頃な価格のものから高価なものまで豊富に並べられています。

✿国立銀行貨幣博物館　National Bank Numismatics Gallery

国立銀行が設置した貨幣に関する博物館です。展示室は真新しいビルの三階にあります。

まず、かつての経済取引の様子を描いた大きな絵画のパノラマから始まります。

次に大きな半円形の長いガラスケースが登場します。マレーシアで使用されたものに限らず世界各国、地域で使用された金貨、銀貨や銅貨などの実物を展示しています。このケースの上部には長いスクリーンが設置され、コインの拡大映像が映し出されています。背景が動くので見学の邪魔になるようにも感じられますが、そこに映し出されたコインをケース内で探すという楽しみもあります。

紙幣の展示では、マレーシアの歴史に沿って発行されてきた紙幣が並びます。イギリスとの関係が濃い時代にはエリザベス女王の肖像画が印刷された紙幣も流通していました。また代用貨幣の使用も戦時中にはあったようです。

国立銀行貨幣博物館

さらに詳しく知りたい方のために、各年代の紙幣がコンパクトに納められた引き出しが用意されています。ここでは、年代や国名から検索することができます。狭いスペースで多くの情報が提供できるという利点があり、切手やポスターなどの資料によく用いられている手法です。

✤クアラルンプール鉄道駅資料展示コーナー

クアラルンプールの鉄道駅に鉄道資料の展示コーナーが設置されているということを聞きつけて行ってみました。現在使用中の改札およびチケット売り場には乗降客がわずかに見られましたが、ほとんど人が通行していません。

この駅は一九一〇年に建築されたもので、現在のＫＬセントラル駅が建設されるまでは、マレーシアにおける交通の拠点だったそうです。アーチとミナレットをもつムーア建築は最も印象的な歴史的建造物としても注目されます。

この駅の前に建つマラヤン鉄道「ＫＴＭ」の建物は一九一七年の建立で、これも駅舎と同様に建築学的に注目される存在です。

駅の改札口を出た右手に、構内の線路のレイアウトを示した卵型のジオラマや鉄道荷物用の秤、客車の模型二両などが展示されています。客車の一つは屋根の部分の骨格を残して内部が

卵型のジオラマ

レールのポイントを切り替える転轍機

いろいろな座席

見えるようになっており、他の一つは豪華な寝台車のようです。寝台車の窓には金色のカーテンが備えられており、特別な列車のような印象ですが、どちらも案内板はありませんでした。

レールのポイントを切り替える転轍機には「ロンドン」と「一九一三年」の文字が刻印されています。また測量機械のトランシットも並べられています。これは鉄道敷設のために測量を行った際に使用されたものでしょう。片隅には座席のさまざま、駅のセイフティ・ボックス、荷車なども並べられています。とくに鉄道博物館というほどのものではないとしても、ここに並べられている品は二十世紀の鉄道の歴史を物語る重要な資料であることには間違いありません。

このほか、子供用に運転席に乗れるように作られた少々雑な木製のSL機関車などがあります。しかし全体に照明がほとんど消されており、見学には向かないような状況でした。

現在も使用されているホームには人影はまばらでした。真新しい自動改札装置がありましたが、まだ使用されていないようでビニールカバーがかかっていたままでした。

✻国立テキスタイル（織物繊維）博物館　Natipna Texstail Museum

旧国立歴史博物館の建物と道路を隔てて向かい側にあるヨーロッパ調の伝統的建物がこの博物館です。建物は二階建で、展示室も一階、二階フロアです。まず一階（グランドフロア）から見ていきましょう。最初のケースは織物の歴史、とくにマレーシアの繊維織物が長い歴史の中でどのように変化してきたかを見る内容です。ここでは見事な刺繍の技が見られます。手描きの技や手描きのバティック（ろうけつ染

国立テキスタイル博物館

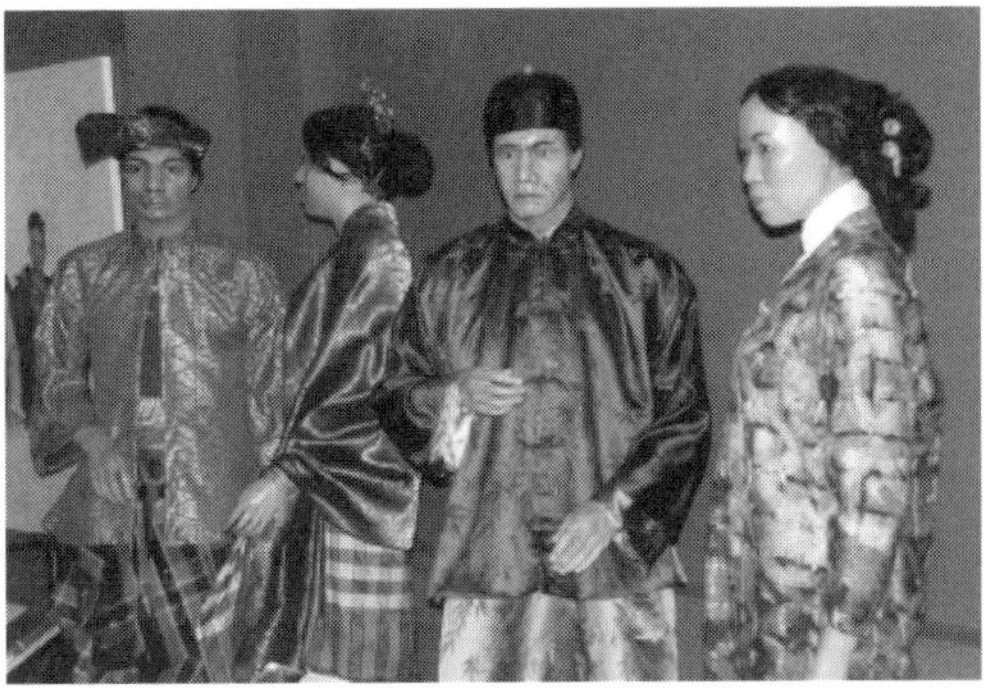

中国系移民の服装

マレーの服装のさまざま

め）の技術を知ることができます。手描きに対してプリントによってバティックを製作することもできます。

右手の展示室では主にバティックが紹介されています。中国系移民との間に生まれたプラナカンの女性という意味のニョニャが着用する服とインド系移民の着用する服では民族色が異なり、形や色彩にも違いがあります。さらにマレーシア人の服装の実例も示されています。

二階展示室に上りましょう。階段を上ってすぐの展示室ではバラなどの花柄がプリントされたテーブルクロスが掛けられています。またその背後の壁面にはやはり蘭の花を描いた絵画が掛けられています。花柄のプリント、さらに踊り子をデフォルメした斬新なデザインの染色作品が展示されています。マレーの服装が紹介され、金銀を布地にあしらったものも見られます。

隣の展示室では金銀細工のブローチや髪飾りなど、さまざまなアクセサリーやベルトやバックルなどの装飾品が展示されています。

✤文化工芸博物館

クアラルンプール市街地の中心にある工芸センターの奥に設置されている博物館です。

ここではマレーシアの工芸品の歴史と技術について学習することができます。工芸品の製作段階が実物大のジオラマで復元されていますので、よりビジュアルに学ぶことができます。そして、道具類も展示されています。

工芸センター入り口　この奥に博物館がある

文化工芸博物館

ここで主として扱われている工芸品は、織物、染め物、銀細工、ピューター製品、焼き物などです。

まずインドを含めた東南アジアの地図があり、そこに海路と寄港地が示されています。この地図はマレーの織物の流通経路をあらわしています。

全体的に展示には明るい色調が使われています。現代の服飾のコーナーでは近代的なカジュアルな服装に伝統的な織物が用いられている例を紹介しています。

タペストリーのように壁に掛けられた布にもカラフルな意匠のものが目立ちます。前に何気なく置かれている染付けの壺も展示効果を高めています。らせん状にカーブした通路の両側には、さまざまなデザインの染め織物の布地が、まるで旗のように垂れ下げられています。通路の手すりもひと工夫されたもので、簡素な中に優美なデザインといえるでしょう。

その奥の壁面には伝統的な染め織物であるバティックが掛け軸のように飾られています。また随所にジオラマが設置され、製作工程やそこで使用される道具が並べられています。土器、陶器の製作工程を示したコーナーでは、ロクロをまわして成形する陶工の姿がジオラマで見ることができます。作業風景の写真パネルもあわせてみることができます。なお土器つくりのジオラマでは、多種多様な形のものを工人が作業している前や傍らに置いていますが、実際に成形はひとつの器種を作るほうが能率的であり、ここで示されているような複数の異なる形の製品を作るというような例はほとんど考えられません。

織物のコーナーでは座って布を織っている状況がジオラマで示されています。

染色作業のうち水洗いを行う男性の作業員、刺繍をする女性、糸つくりをする女性、織物を織る女性などジオラマ、パノラマ写真を駆使してそれぞれの工程を解説しています。

このほか、銀製品や鈴製品をはじめとする彫金工芸も簡単に紹介されています。

個人を顕彰する博物館（記念館）

トゥンク・アブドゥル・ラザック記念館
スリ・ペルダナ・ギャラリー
トゥンク・アブドゥル・ラーマン・プトラ記念館

ここでは、個人に対する尊敬からその顕彰を行う博物館（記念館）を訪ねます。とくに建国、発展の時代に指導的に活躍した人物がその対象となっています。

✿トゥンク・アブドゥル・ラザック記念館

バード・パークにほど近い道路沿いにある記念館です。ここは一九七〇年から一九七六年に在職したマレーシア第二代首相トゥンク・アブドゥル・ラザックの公邸として使用されていた場所です。国の発展に

トゥンク・アブドゥル・ラザック
記念館

尽くした彼は「発展の父」とも呼ばれて国民に愛されました。

記念館には在任中の記録文書や個人的な所持品が残されており、それらのうち服飾に関係するものなど執務室や応接室など室内設備の公開が行われています。各国指導者からの贈答品、記念品についてもコレクションの一つとして紹介されています。

やや離れた「メモリアルホール」では、スピードボートやゴルフ用の電気自動車が玄関先に置かれています。中にはバスルームをはじめとする室内設備や記念品の展示があります。

✻スリ・ペルダナ・ギャラリー

マレーシア第四代首相トゥンク・ドクター・マハティール・モハメドの記念館です。彼は国の発展を加速させ、その構想と洞察力のすぐれたことでよく知られています。在任中にマレーシアは工業国へと目覚ましい発展を遂げました。プトラジャヤに移転するまでの間十六年間、首相公邸（スリ・ペルダナ）として使用さ

スリ・ペルダナ・ギャラリー

れました。当時の彼の写真パネルを背景にして彼に贈られたさまざまな勲章やメダルなどがあり、とくに大きな勲章を胸につけた正装の首相の肖像画、マレーシアの国旗などのほか彼の個人的コレクションや公邸内部の設備や所有する乗用車などが公開されています。

✿トゥンク・アブドゥル・ラーマン・プトラ記念館

独立の父としてマレーシアで尊敬されている一九五七年から一九七〇年にかけて在任した初代首相トゥンク・アブドゥル・ラーマン・プトラのために建てられた記念館です。特に彼はマレーシア独立のために尽くした人物として知られています。記念館は彼の関係した行事に関する記録や図書を展示、保管しており、その業績を顕彰しています。

トゥンク・アブドゥル・ラーマン・プトラ記念館

マラッカの博物館

マラッカは、マレー半島の南西部、マラッカ川の河口に位置する港湾都市で、ムラカとも呼ばれています。マラッカ州の州都で、人口十二万六千人余、マラッカ海峡の最狭部に面する戦略的要地です。

十五世紀初めに中国明朝の支援を受けたマラッカ王国が、この地を貿易港として発展させてきました。以後、ポルトガル、オランダの支配を受けたのち、一八二四年にはイギリス領となります。国際貿易港としての地位はシンガポールに取って代わられましたが、市内にはポルトガル、オランダ時代の城塞や遺跡などが多数残されています。

マラッカ市街地は世界遺産に登録されており、世界中から観光客が訪れています。

✻スタダイス（歴史・民族博物館） Stadthuys

スタダイスとはオランダ語で、会議場あるいは市役所を意味します。スタダイスは一六四一年～一六六〇年の間、マラッカがオランダの植民地の時代にオランダの役所として使用された場所です。現在は、この地域の歴史を紹介する博物館に生まれ変わっています。

《民族博物館》 Ethnography Museum

スタダイスに入ると廊下にはいくつかの人形が並んでいます。最も奥には兵隊の人形があり、オランダの植民地時代、日本の占領時代などを象徴しています。

展示室へ入ると陶磁器が数多く展示されています。また中央には伝統的な焼き物の製作風景がジオラマで示されています。それはロクロで壺を製作する人物と鉢を製作する人物の風景を示したものです。

次の部屋には、出土品の陶磁器の破片がガラスケース内に大量に置かれています。そのほとんどが染付と呼ばれるもので、白い素地にブルーの釉薬で文様を施した中国製品です。また壁のケースには日本製の伊万里の大小の皿が展示されています。中には柿右衛門と呼ばれた赤い釉薬が用いられた製品もあります。

陶磁器の次は大砲です。当時の大砲の弾はいびつでばらばらなようです。短銃の展示もありますが、これも現在のように薬莢《やっきょう》を伴うものではなく火薬を詰める方式のもので、弾にもそう威力があったとは思えないものばかりです。

オランダ広場　右がスタダイス

マラッカの博物館

ロクロで壷を作る人

キャプテンのジオラマ

マラッカの結婚式

伝統的な高床式建物

当時のキャプテンのジオラマがあります。オランダ人の様子を表現したもので、テーブルの上に地図を広げています。併せて東インド会社のマーク「ＶＯＣ」の入った皿二点が置かれています。このジオラマの後ろのケースには当時航行していた帆船の模型がケースに入れられています。

次の部屋はマラッカの民俗展示です。晴れ着を着た男女は結婚式の様子を示したものです。伝統的な服装から現代の服装へ少しずつ変化してきた過程をマネキン人形で表現しています。服装の変遷を見た後は農作業風景のジオラマです。水田耕作の作業をリアルに表現しており、使用される農具も展示されています。また、漁船などの展示もあります。

伝統的な高床式建物を復元しているコーナーがあります。建物の中に入ることもできます。床下には当時使われていた臼や耕作用の農具などが並べられています。

帆船の模型

《歴史博物館》 Historic Museum

民族博物館の二階が歴史博物館になっています。

オランダの植民地の時代から展示が始まります。貿易船として使用された大型帆船の模型がケース内に納められています。東インド会社の「ＶＯＣ」のマークが入った看板や大砲があります。東インド会社はオランダがアジア経営の拠点として設立したもので、交易範囲は東南アジアのみならず東アジア諸国にまで及んでいます。

イギリス支配下の時代の展示は、帆船、西洋風のかぶと、そして当時の状況を示すジオラマです。

オランダの時代では表面の彫刻のすばらしい調度品と赤絵の皿が展示されています。第二次世界大戦中には日本によるマレーシア占領が行われます。ここでは、青くさびた鐘、ＡＤ１８８と刻印された方形の塊、木製の収納ボックス、さらにマラッカのジオラマが置かれています。最後に、独立への道をたどるというコンセプトで歴代のマラッカ政府代表者の顔写真のパネルが続き、この博物館の展示は終わります。

✤教育博物館　Educational Museum

マレーシアにおける教育の歴史をテーマにした博物館です。

マレーシアという国は多民族によって構成されている国家です。都市化が進むことによって文化程度が上昇しつつあるといわれますが、その恩恵にあずかっているのはクアラルンプールなどごく一部の市街地とその周辺の住民に限られています。そのため、国は全国的な教育の普及活動のため、これまでの教育の歴史をたどり今後に生かしていこうと、この博物館をつくったのでしょう。

わかりやすいジオラマによる展示が多く用いられています。教室の場面では、生徒がノートを取っているのは鉛筆と紙のノートではなく、石板とチョークのような石棒です。書いてもすぐ消せるので何度でも書き続けられるという利点を持ちます。しかし復習しようと思ってもこの石板がなければ無理ということになります。明治時

教室のジオラマ

代の日本の初期教育の段階でもこのような道具が使われていたようです。

イスラム教の教育の展示では、教師役の僧侶を中心に車座になって学習している様子がジオラマで示されています。このほかマレーシアにおける教育の発展過程、現状と課題がグラフで示され解説されています。

スタダイスもそうでしたが、案内パンフがないので、理解するには時間が必要です。

✽文学博物館　Literature Museum

マレーシアにおける文学と作品、作者について展示する博物館です。

地上二階、地下一階の三フロアで構成されており、展示スペースは一、二階です。文学作品の歴史、伝統的な口述の芸術、オリジナルな原稿と調査、現代作家と続いています。

文学作品をジャンル別に区分して作家の紹介を行っています。展示の主体は大半が著書と著者の紹介に費やされています。ワナン人形など伝統芸術の作品展示も見られますが、ごく僅かです。マレー文学がわかれば興味深い内容だとは思いますが、まったくその世界に不案内な者には案内パンフすらないのでは、マレー文学の範囲の広さと文学の展示はこのようにするのだということがわかっただけでした。

文学博物館

✾デモクラシック博物館　Democracic Museum

マレーシアがたどってきた民主化への道を紹介する博物館です。建物は近代的な二階建てで、展示フロアは一、二階フロアを使用しています。展示の主要テーマは「選挙」です。投票場の風景のジオラマや投票箱の実物展示は、まさにデモクラシックの象徴といえるでしょう。

✾知事公舎博物館　Governor's Museum

マラッカを統治していた知事の住居です。スタダイスから丘陵を登りつめた場所にある白亜の二階建てです。目の前にセント・ポール教会の建物が見えます。

建物内の部屋、とくに一九五七年八月から一九九六年九月までの知事の執務室やダイニングルームなどを見学することができます。またコレクションでは中国製の大きな染付磁器の壺などがあります。

知事の使用した公用車は建物前に展示されています。このダイムラー車は一九七四年マラッカ州知事の公用車として購入されました。一九八六年に廃車となりますが、一九九五年にマラッカ・ミュージアムに寄贈され展示されました。

「選挙」をテーマにした展示

デモクラシック博物館

知事公舎博物館ではダイニングルームを見学

独立宣言記念館

✻独立宣言記念館　Proclamation of Independence Memorial

サンチャゴ砦の前を通り過ぎた左手に、道路に面してこの博物館があります。マレーシアが独立を果たすまでの道のりと独立の式典の様子が展示されています。展示コーナーは、「ポルトガルによる支配」から始まり、「外国勢力の排除」「独立への道」「独立」「君主制への協議」「国家」「地域の首長」「マレーシアの形成」と続きます。写真パネルを多用した展示になっています。

✻マレー・イスラム国際博物館　The Malay and Isramic World Museum

サンチャゴ砦の敷地に隣接して建つ白亜の建物です。周辺の建物がほとんど茶色に塗装されているためとても目立ちます。かつてはバスティンハウスと呼ばれ、一九一〇年イギリスの影響を受けて建てられました。

事務所などに使用されていましたが、歴史的にも地域的にも重要な遺産であるとして政府が買い上げて公共性の高い博物館にしました。

中国の古代中世の陶磁器を展示

一、二階が展示フロアです。一階では、主として中国の古代中世の陶磁器が展示されています。中国唐時代の唐三彩をはじめ、始皇帝が構築させたといわれる兵馬俑の人物像など各時代の優品を見ることができます。また鍾乳洞の中にできる石筍も並べられています。

二階には、剣や装飾品などアラビア色の濃い美術品が展示されています。

✻切手博物館　Stamp Museum

切手を中心に、マラッカ、およびマレーシアの郵便の歴史について展示、解説する施設です。

この博物館の建物は、かつてはオランダの高官のための住居でした。イギリス統治の時代にも第二次世界大戦までそのまま使われました。やがてイスラム教の事務所のようなものとなりましたが、一九九〇年にマラッカ市議会の所有物となります、

壁にはぎっしりと切手が

随所に伝統的なヨーロッパの様式が残され、また中国人大工によって造られたと見られる装飾も残されています。二〇〇四年に切手博物館として利用されることになりました。

展示室は二階にあります。テーブルの上に赤い郵便ポストが見えます。日本の家庭用新聞受けより少し大きい程度です。郵便局員の服装も展示されています。世界最古の一ギニー切手が、大きく引き伸ばした写真パネルと共に展示されています。記念切手や、日本占領時代の切手も見ることができます。

切手博物館

✻ムラカ・イスラム博物館　Melaka Isramic Museum

博物館の建物は、その建築上の特徴から十九世紀に建てられたと考えられています。建築学者のローレン・ヴィスは建物を詳細に分析した結果、一八五〇年代に建設されたと考えているようです。またこの建物はオランダ時代に建設され、イギリス植民地時代に増築されたという説もあります。また事務所用に建てられたとされていますが、一部にはマラッカ・イスラミック・カウンシルの事務所として利用される前に住居として使用されていたとも考えられています。一九九〇年に現在のイスラム博物館になりました。この建物は一九七七年五月十二日に歴史記念物に指定されました。

現在は、マレーにおけるイスラム教に対する迫害の歴史を絵画で描いたものや写真パネル、ジオラマなどを多用して展示しています。建築物としての魅力が随所に残されており、天井の組み物や照明器具など見るべきものが多い博物館です。

✻マレーシア建築博物館　Malaysia Architecture Museum

この建物は、マラッカがオランダの統治下にあった一七〇〇年代に建築されたもので、かつてはオランダ人高官の公邸で、スタダイスの建設後に

マレーシア建築博物館

ムラカ・イスラム博物館

建てられたようです。やがてイギリス軍が進出し、この建物を政府の使用する建物にしました。一九七七年から一九八〇年の間修理工事が行われ、外壁も現在の赤に塗り替えられたのちに、マラッカ水道局の事務所に模様替えされました。

この建物は一九七七年五月十二日に歴史記念物に指定されました。なお二〇一一年十一月から改修のため内部公開は中止されています。再開の期日は明らかではありません。

✻税関博物館　Kastam Museum

マラッカの岸壁に沿って建てられた倉庫のような細長い建物が博物館として利用されています。マラッカは、地理的条件の良さから中世以来港町として栄え、貿易の一大拠点でした。貿易を管理する税関の役割は重要なものでした。

建物は海側、道路側ともに周囲がすべて壁で、ほとんど窓が見当たりません。すべての壁面は、マラッカを象徴するよう全壁面が淡い小豆色に塗装されており、濃い茶色の柱が特徴的です。建物の壁面に書かれた「Museum Jabatan Kastam Diraja Mareysia」の文字から、ここが税関に関する博物館であることがわかります。

展示室には公式書類に刻印される印章や日付スタンプという事務に欠かすことができない事務用品のほか、輸入品や押収した密輸品などの実物が展示されています。

税関職員の制服、彼らが使用した自転車、あるいは捕縛用の手錠や警

世界の時刻を示す時計板

棒なども置かれています。

✽海の博物館　Samudera Museum

かつてこの地域を航海していた木造の帆船で、多くの財宝を積んだままマラッカ海峡に沈んだフロール・デ・ラ・マール号をモデルにして復元されています。海から少し上げられた状態で固定されていま す。側面から甲板に上がります。船室の一部も公開され見学できます。船室の内部には、マラッカの歴史や帆船の模型などが展示されています。

復元された木造船を見学してから、さらに奥にある二階建ての展示館に行きます。ここではなぜか宇宙に関する展示が行われています。遙か彼方の惑星群から地球に落ちてくる隕石の展示は興味深いものでした。

海の博物館

✽海軍博物館

海の博物館と道を隔てたところにあります。建物の外壁が白く塗られた二階建ての博物館です。マラッカ海峡は海上交通の要衝であり、海からの侵略にも備える必要があります。海軍博物館は、そのための装備やマレーシア海軍の歴史などについてパネル、写真を駆使して解説しています。

展示室中央には実物の中型ヘリコプターが置かれています。なかなかの迫力で威圧感があります。その周囲には、救命ブイや海上交通に必要な標識や信号、銃器類が展示されています。

館の外には警備艇（軍艦）が展示されており、設備や船室を見学することができます。銃器や大砲も並べられていますが、海軍博物館という名称にもかかわらず、展示されている種類も量も少なかったの残念でした。

✾交通資料の野外展示

マラッカの中心にある丘を取り囲む道路に面して、客車、ディーゼルカーが一両ずつ線路の上に乗せら

海軍博物館

中型ヘリコプター

警備艇（軍艦）

れています。その横には双発の飛行機があります。どちらも塗装が剥げ落ちかかっています。波板によって遮蔽板が巡らされ、立入禁止の看板があります。かつてはここも展示施設だったのでしょう。

公園内にはこのほか、牛車の模型もあります。二〇一一年十一月に続いて二〇一二年三月末にも訪れましたが、この時には厳重な囲いが巡らされ、立入禁止になっていました。

ディーゼルカーと飛行機が並んで展示

（上）2011年11月（下）2012年3月

✻サンチャゴ砦　Porta de Santiago（Famosa）

かつてポルトガルが外敵の攻撃に備えて作ったサンチャゴ砦の門の一つが残されています。地元では「ファモサ」とも呼ばれています。場所は丘の裾部の一角で、ガイドブックの写真から想像していたよりも意外に小さかったのに驚きました。

✻セント・フランシス・ザビエル教会 St.Francis Xavier's Church

マラッカの旧市街地の入口にある白亜の教会で、世界遺産に登録されています。

主要部分の建物の壁の色が赤茶色に統一されており、とても目立ちます。この教会は、ザビエルを讃えるために一八四六年にフランス人宣教師によって建てられました。入口前には日本にキリスト教を伝えたフランシスコ・ザビエルの彫像と彼を慕ったキリスト教信者の日本人ヤジローの彫像とが仲良く並べられています。日本の瓦のような色調で聖書を広げたような石材の説明板には英語と日本語で次のよ

セント・フランシス・ザビエル教会

サンチャゴ砦

うに刻まれています。

フランシスコ・ザビエルは、日本の若者ヤジローと一五四七年このマラッカで出会い、一五四九年彼の案内で日本にわたりました。ザビエルは鹿児島の領主島津貴久に会い歓談し、宣教の許しを得た。彼は約二年間鹿児島に滞在し、その後、京に上ったが期待したほど成果は上がらず、再び九州にくだり日本を離れた。ヤジローは鹿児島出身者で、ザビエルを愛し、尊敬し、鹿児島ではザビエルの同伴者として使徒的な働きをした。彼はザビエルを島津貴久に紹介したが、ザビエルが鹿児島を去った後も、ザビエルの教えに従ってキリスト教の宣教に努めた。しかしその努力は報われることはなかった。ヤジローのその後についてはひとつ正確な情報は残っていないが、ヤジローの働きこそが、歴史上、日欧文化交流の出発点となった。その意義は大きい。

四百数十年を経て今このマラッカにザビエルとヤジロー会見の像が建立されることを祝し、これが、今後のマラッカ・日本友好の礎となることを念願する。

ザビエル上陸顕彰会

鹿児島県マレイシア友好協会

二〇〇六年七月一日

ザビエルとヤジローの彫像

台座の碑銘は島津家三二代当主島津修久氏、像の製作は溝口守一氏にもよるものです。二人の像はザビエル生誕五〇〇年を記念する二〇〇六年七月一日に除幕されました。

✻マラッカ・アート・ミュージアム　Malacca Art Museum

セント・ポール教会の左に隣接する二階建ての建物が博物館です。赤色に塗装された建物の一・二階のフロアで展示が行われています。一階はマレーシアで行われている青年会議などの活動についての紹介です。さまざまな行事に着用されたユニフォーム、青年たちの活躍を顕彰するメダルや楯、表彰状がケース内に並べられています。

二階は、この館の名前のごとく、マラッカにおける絵画、彫刻作品の展示が行われています。展示されている作品の多くは絵画です。油彩、水墨画などの絵画と共に彫刻や陶芸の作品も見られます。

水墨画「マラッカの川」

マラッカ・アート・ミュージアム

「マラッカの川」と題された作品は、一六六センチ×六六センチの中国水墨画です。作者はチャールズ・チャウデロット（CHARLES CHAUDERLOT）、二〇一〇年に描かれた作品です。なおここでは作品の展示販売も行っているようで、一部の作品には「NOT FOR SALE」の表示があります。

✽セント・ポール教会　St.Paule Church

ヨーロッパの宣教師が活動の拠点にしたのがマラッカでした。セント・ポール教会は一五二一年に建てられましたが、現在ではその残骸とでもいうべき建物が残っています。

教会の天井は落ち、補修された煉瓦づくりの壁がかつての様子を偲ばせています。教会の正面には、白い大理石製の宣教師ザビエルの立像がマラッカ海峡を見下ろしています。この像は落雷によって右腕が失われたままです。痛々しい姿です。

壁のみになっている礼拝堂の中には、石棺の蓋が集められ、斜めに立てかけられています。表面の文字から埋葬されている人物がわかるものもあります。いずれも十六世紀から十七世紀にかけて死亡したヨーロッパ人のものであることがわかります。この頃はオランダがマラッカを支配しており、これに関連するキリスト教徒の墓地と考えられます。

✽ムラカ・キリスト教会　Christ Church Melaka

マラッカの中心にあるオランダ広場に面して建つ教会です。三角形の尖った形の外壁と赤色の外壁が特徴的です。教会自体は大きくはありませんが、オランダ広場のランドマークとして写真でよく見かける建物で

セント・ポール教会

ザビエルの立像

ムラカ・キリスト教会

す。教会の礼拝堂は閑散としており、入口付近にポスト・カードや教会関連の本のショップがある程度です。中央の祭壇には「最後の晩餐」のタイル画があります。

ムラカ・キリスト教会の礼拝堂

✻マラッカ・スルタン・パレス
Malaka Sultanate Palace Museum

かつてのスルタン・パレスを復元して建築されたもので、建物は高床式の木造平屋建てです。正面の階段を登って中に入ると、民族資料が展示されています。スルタンとは、イスラム系民族の地方の支配者、今でいう「知事」にあたります。スルタン・パレスの建物は横に長く連なり、前方の左右三ヵ所が出っ張っています。出っ張った部分にはジオラマでマラッカの歴史が再現されています。

入口から右手にジャワ、次に中国、最後にアラブとの取引の様子が示されています。左手の最初はインド西部のクジャラート、シャムとの交易のジオラマなどです。また側面の左手壁際にはマレーの伝統的な武器、背面には陶磁器や土器が展示されています。左端のコーナーでは伝統的な服装を見ることができます。

二階には王室の儀式のジオラマなどがあります。

マラッカ・スルタン・パレス

中国商人の渡来

スルタン・パレスは、伝統的な建物の復元を行っただけでなく、その時代の風俗や民族を語る風景のジオラマや実物の展示を通じて理解を深めるための施設として機能しています。また建物の前方には広い庭園が広がっており、散策のコースにも最適でしょう。ただしところどころに発掘調査の痕跡があり、それらが埋め戻されていませんので、落ちないようにご注意ください。

✾ババ・ニョニャ博物館　Baba Nyonya Heritage

チャイナ・タウンの中にある、個人の居住する家の内部が公開されている博物館です。

十八世紀以前（十五世紀まで遡るともいわれる）にマラッカに渡ってきた中国人男性と地元女性の間に生まれた人々の子孫を総称してプラナカンと言います。男性はババ、女性はニョニャと呼び、プラナカンを称して「ババ・ニョニャ」と呼ぶこともあります。プラナカンは、貿易で巨大な富をなし、その住まいや服飾、宝飾品には贅を尽くし独特の文化が発達しました。

現代のマレーシアにおいても、プラナカン文化は生活の中の至る所に残されています。彼らはマレー語を話しながらも、冠婚葬祭は中国の伝統的な様式に従って行われます。食卓に並ぶ中国式のデザインの明るいパステルカラーの陶器製や琺瑯製の皿、鉢などの食器はその特徴の一つでしょう。

中国文化とマレー文化という二つの文化が融合して生み出されたゴージャスな装飾には、強く惹かれる風格があります。

入口には頑丈な鉄格子戸があり、内部から鍵がかけられています。チャイナタウンには、同じような形状の住居が並んでいますが、金色に輝く装飾で覆われたひときわ豪華な建物です。十九世紀に活躍した中国系移民の後裔であるチャンさんの住居です。

間口が狭く奥行きが長い「うなぎの寝床」のような構造は、京都の町屋にも共通しますが、この建物はかなり極端かもしれません。入口を入ると、正面には目隠し状の透かし彫刻のある壁があり、その左右から奥に入るようになっています。また左手にある部屋にはチーク材の机、テーブル、タンスなどの家具、調度品が壁面に並んでいます。いずれも螺鈿《らでん》細工が施されており、細部の彫刻も巧みなものです。

次の部屋には仏壇があり、先祖の位牌が祀られています。位牌の前の香炉には線香が絶え間なく供えられ、香りが部屋中に充満しています。供物も鶏の丸焼きなどで、日本の仏前供物とは異なっています。

部屋はさらに奥へと続きます。もっとも奥の部屋は炊事場です。ここにはカラフルな琺瑯《ほうろう》の鉢や皿、陶

ババ・ニョニャ博物館

磁器の皿、壺などかつて日常生活でつかわれていたであろう容器類がケースに展示されています。これらの容器類とは別に、床面に碾き臼やつき臼などの石臼類や、家族が食事をするための質素なテーブルとイスが置かれています。テーブルにはテーブルクロスが敷かれ、食器を覆う網籠も置かれています。すでに見てきた部屋とは対照的で、生活臭さが漂っていました。

二階には階段が通じています。入口の真上は夫婦の寝室です。結婚式用の晴れ着を着用し頭には宝冠をかぶった男女のマネキンが置かれ、その後ろに豪華なベッドが置かれています。部屋の中は意外とあっさりとしており、タンスが一棹《さお》壁面に置かれているほかは、目立った家具調度類は見当たりません。壁面に夜具のような着衣が額装されています。

豪華なベッド

この寝室から廊下で奥にある寝室へ続いています。廊下には食器棚や鏡台、椅子など比較的簡単な彫刻装飾が見られる家具が並べられています。このほかにもガラスケースにさまざまなアクセサリーを集めて展示しています。

この家には人が住んでいますので、奥へと進むとプライバシーを侵しているような気分になります。一階の台所に続く玄関側の部屋が、ポスト・カードやストラップなどを商うミュージアム・ショップになっています。

✻タム・チュウ・イン・アートギャラリー

Tham Siew.Inn・Artist Gallery

チャイナタウンの主要道路でもある細い道路に沿って、いくつものアートギャラリーが開かれています。しかし人通りが少ない平日の午前には、それらのほとんどがクローズ状態でした。開いている数少ないギャラリーが、ババ・ニョニャ博物館の斜め前にありました。

展示室

展示室に使用されているのは、チャイナタウンにあるかつての住居です。先に見たような豪華な調度品はありませんが、建物の構造は、やはり間口が狭く奥行きが長いというものでした。作品にはイギリス風の透明感のある淡い水彩画がかけられています。

作者のタム・チュウ・インはこのような水彩画を得意とし、風景画、山水画、人物画などを描く芸術家です。若い頃に四十ヵ国以上を巡り、日本にも半年程度滞在し、その風景を描いてきたといいます。現在は世界各地で個展を開きながら活動を続けており、二〇〇二年から全作品を

タム・チュウ・イン・アートギャラリー

ここマラッカに集め定住するようになりました。

このほか、篆刻作品や宝石も展示しているようです。

✤チャイナタウンの寺院

オランダ広場からマラッカ川を渡った地域がチャイナタウンです。そこには仏教、イスラム教、ヒンズー教の寺院が隣接して建っています。この町並みの散策も楽しいものです。

チェン・フン・テン寺院

カンボン・クリン・モスク

スリ・ポヤタ・ヴィナヤガ・ムティ寺院

チェン・フン・テン寺院（青雲寺）　Cheng Hoong Tene

家屋が立て込んだチャイナタウンの中にあります。一六四六年に創建された寺で、門が立派なのと建物がカラフルなのが印象的でした。現在も参詣者が絶えることのない寺院です。

カンボン・クリン・モスク　Kampong Klings Mosque

マレーシア国内最古のモスクです。一七二八年に創建されたもので、周囲を塀で囲んでいます。境内の隅には方形の高い塔があります。

スリ・ポヤタ・ヴィナヤガ・ムティ寺院　Sri Poyyatha Vinayagar Moorth

カンボン・クリン・モスクに隣接するように建っています。十九世紀のはじめに創建されたというマレーシア最古のヒンズー教の寺院です。外観はカラフルで、まるで新しく建築されたように見えます。

マレーシア各地の博物館

アイル・クロー

クアラルンプールからマラッカへは整備された道路が通じています。この道路に沿って、動物園、ミニマレーシア、クロコダイルファームなどの観光施設が目白押しに作られています。このため休日は多くの観光客の車で混雑します。各施設につながる沿道には、土産物店などが軒を連ねます。

✽世界蜜蜂博物館

マラッカ郊外の都市アイル・クローにもユニークな博物館があります。クアラルンプールへの途中にあるので寄り道してみました。

たくさんの車が行き交う道路に大きな看板が出されていたので、それに惹かれて立ち寄ってみました。建物は平屋の鉄骨プレハブつくりという簡素な建物です。道路の看板と同じく派手な看板が入口正面に掲げられています。

内部は中央にカウンターが設置され、さまざまな花から得られた蜂蜜が試飲できるようになっています。もちろん購入することもできます。というか、販売が主たる目的のようですが、せっかくですので展示を見ていきましょう。

蜜蜂の展示ケース

建物の両端の壁際には一メートル前後の正方形のアクリルケースが並べられ、中に鉢の巣や樹木の葉などがあります。蜂が無数にその中に群れています。展示ケースは三〇個以上あり、それぞれに蜂の名前が書かれたプレートが置かれています。

世界蜜蜂博物館

博物館の関係者でしょうか、生きた蜂を見せてと手招きしています。近づくと彼は、養蜂箱を開いて見せてくれました。ところがその瞬間、巣から蜂が大量に飛び出してきました。あわてた彼は蓋をせずに逃げ出すありさまでした。私は幸い刺されずに済みましたが、おそらく彼は蜂の襲撃を受けてしまったのではないかと思います。

世界中に生息する鉢の種類の多さと、いろいろな形の巣を一堂に見ることができたのは新しい発見でした。

✾オラン・アスリー博物館　Museum Orang Asli

マレー半島には多数の先住民が暮らしていました。その先住民の日常、非日常の暮らしに関する資料を集めて展示・公開するために設置された博物館で、高床式の伝統的な意匠を取り込んだ近代的な建物です。壁面や天井には網代に編まれた美しい文様の製品が使われています。外壁の上面一杯には弓矢などの狩猟具が彫刻されており、建物自体も魅力的です。

高床の床下部分の半分ぐらいのスペースを利用して、小川とジャングルの木々、そこの木陰に潜んで吹き矢で獲物を狙う原住民というジオラマや風景写真パネルの展示があります。床下の展示は周囲がコンクリートの壁で囲まれ外光が遮断されているため、暗くて細かな部分が見えないのは残念です。

展示室は板張りの一フロアのみで、両端の壁際に先住民の生活状況のジオラマや写真パネルなどが展示されています。結婚式の様子を再現したジオラマは、中央の一段高い部分に新郎新婦が座り、前方の左右では儀式を進める人間が作業をしています。興味を引いたのは新郎新婦のいる場所を囲む簡素な飾りつけです。ちょうど祭礼用の幕を正面に張ったような形で、その

オラン・アスリー博物館

先住民の結婚式の様子を再現したジオラマ

中央部にはしめ縄のような飾りがあります。これらの材料はヤシの葉か藁状のものを編み上げたもののようです。

中央に置かれたケースには、動物を捕獲するための罠の小型模型が並べられています。しかしそこに虎がいます。もしもこのような装置で虎狩りをしていたとすればかなり危険だったのではないでしょうか。このほか、地元産木材を加工・彫刻した動物、人物の彫像や仮面などの作品も並べられています。

奥まった所のひときわ長いガラスケースに入れられているのが狩猟用の槍です。この槍は全長二メートルを超えており、槍先はさびていますが、鋭い槍先は殺気さえ感じます。この槍先と細い棒状の部分との間には、いくつかの段があり、作者の芸術心がうかがわれます。壁際には川魚を捕るための竹細工の漁具が無造作に置かれています。

このほか彼らが日常使用知った木槌や斧、食器、水入れの瓢箪なども見ることができます。

見学者が少ないこともあって担当の人の対応はのんびりとしています。ようやくビデオのスイッチをいれてくれました。そこには民族の暮らしぶりを記録した映像が映し出されていました。

✻蝶・蛾文化村　Butterfly & Reptile Sanctuary

文字通り蝶と蛾の博物館です。クアラルンプールのバタフライ・パークを見学した後でもあり、この博物館の特徴がどのようなところにあるのかを観察してみました。

蝶の飼育は園内の一角で行われています。入口にはゴムのすだれがあります。蝶が外に逃げ出さないようにするためのようです。植物が青々と茂り、花も咲いているのですが、蝶はほとんど飛んでいません。壁面に飾られた蝶の大型シンボルが、その少なさを余計に引き立たせているようでもあります。

ここを出て庭に沿って行くと金魚と鯉が集まる小川があります。さらに行くと七面鳥やインコ、孔雀、パンダウサギなどの檻《おり》があります。さらにニシキヘビやワニ、毒蛇が飼育されています。

蝶と蛾のみの博物館だと思っていましたが、そこには熱帯の鳥類、あるいはニシキヘビや様々な毒蛇を見せており、なぜこのようなコンセプトなのかはわかりません。

✻ムラカ動物園　Zoo Melaka

マレーシアでは二番目に大きい動物園です。休日には見学者が長蛇の列

蝶も蛾もあまり飛んでいない蝶・蛾文化村

をなして賑わうようですが、訪問時はウィークデーであったことから、観光客はまばらで閑散としていました。

入口から少し行くと、オランウータン用の綱が木の高いところに張られていますが、オランウータンの姿はありませんでした。道に沿ってインコが枝に止まっています。このインコには鎖が付けられていませんが、園の外に逃げ出すことはないようです。また近くにはリスも徘徊しています。

リスサルの檻は幅が広くとられています。リスサルの横を通って動物ギャラリーに行きます。

ギャラリーを出て少し行くとサイの飼育場に出ます。その近くには小型の馬のつがいが飼育されていま

ムラカ動物園

インコには鎖が付けられていない

小型の馬

す。続いて鳥のゲージがあります。道には小枝がかなり散乱していま す。掃除が行き届いていないようです。

✻動物展示館　Gallry Zoo

タマン動物園の内部に設置されている動物学に関するギャラリーです。建物は平屋建てのあまり大きくない施設です。

このギャラリーでは動物の進化の過程をパネル展示しています。入り口の近くに大きなワニの剥製が置かれており、肝を冷やします。「夜のジャングル」というコーナーは、真っ暗なジャングルを歩くというコンセプトです。足許も見えないなか、床に置かれた石につまずきながら何とか出口までたどりつきました。

動物展示館

✻クロコダイル・ファーム

タマン動物園の向かい側にあるワニ園です。ここではワニを養殖しており、飼育プールを公開していま す。

入口を入ってすぐに広場があり、そこにツインタワー、国家記念碑、国立モスクなどマレーシアの有名な観光スポットの建造物を縮小復元した建物などがあります。「ミニミニマレーシア」とでも言えるでしょうが、縮尺は不揃いでした。ワニ園のコンセプトとの整合性があるのでしょうか。そう堅苦しく考えずに見ると、それなりによくできていて感心させられます。

クロコダイル・ファームの入り口

なぜか観光スポットのミニチュアが……

ワニのプール

園内の左手奥にあるワニのプールを見ることにしましょう。園内のプールは五ヵ所あります。これらはさほど大きくないプールです。中央に浅い池が掘られ、周囲には砂が敷かれています。ワニはさすがに暑さをしのぐため水中か木陰に集まっています。ほかのプールでもほぼ同じような光景です。

クロコダイルは熱帯のアジアや北部オーストラリアの湖、川、海に生息しています。十〜十五歳で繁殖可能となり、三月頃に二十〜九十個の卵を産卵します。孵化に必要な期間は八十〜九十日前後で、寿命は八十〜百二十年とされています。もっとも大きなワニは北ボルネオで発見されたもので、全長十メートル（三十三フィート）もあったそうです。

出口と入口を兼ねた建物の内部では、孵化した子供のワニが飼育され、大型のワニの剥製も展示されています。

✤タマン・ミニ・マレーシア
Taman Mini Malasia

ここは民家集落博物館です。ただし、現物の民家を縮尺して復元されているものもあるようです。訪問した時はリニューアル工事中で中には入れませんでしたが、入口から覗き込んでみると、木造の高床式に近い建物などを見ることができました。リニューアル・オープンは二〇一二年の五月頃とのことでした。

タマン・ミニ・マレーシア

セレンバン

マレーシアのヌグリ・スンビラン州の州都です。クアラルンプールの南東約六〇キロ、マラッカとのほぼ中間に位置しています。正式名称はマレーシア語で「ユニークな州」という意味があり、他の州で見られない母系制社会を保持しているようです。リンギ川渓谷内にあって、山地形が多く、土質はラテライトで構成されており、ゴムやパーム椰子の栽培に適した地質です。

この街は十五世紀に遡り、西スマトラからミナンカバウ族が移住したことから始まります。彼らの文化と習慣はこの地に伝統的なものとして残されています。また一八七〇年代に近郊で錫が発見されたことから、マレー系や中国系の移民が付近に移り住むようになりました。

✿セレンバン州立博物館　State Museum and Cultural Center

セレンバンは、クアラルンプールから南へ六〇キロ余りの、ヌグリスンビラン州の州都です。十五世紀頃に西スマトラ島からミナンカバウ族が移住して開いた地域で、今もなおその伝統文化が残されているようです。

博物館の本館はミナンカバウ族の伝統的な様式によって建築されたもので、インドネシアの様式に近似しているようにも思えます。

入口左側には郵便に関する展示コーナーがあります。展示室上方には「STAMPS AND PHLATELY GALLERRY」と表示されています。かつて郵便配達に使われていた赤いバイクや自転車のほか、郵便局員の服装を着用した男女マネキンなどが狭いスペースに窮屈そうに並べられています。郵便局で使用された消印のスタンプや計量用の秤などもあります。切手はこのコーナーの中心的な展示品で、一〇〇枚近くの切手シートが掛け軸のように表装された状態で展示されています。このコーナーはほとんど照明がないのでとても見づらい展示でした。

掛け軸のように展示された切手

中央、右手では考古学関係の展示が行われています。正面には人骨が展示されています。墳墓に埋葬された状態で発見され、調査後そのままの状態で取り上げられここに運び込まれたものです。

セレンバン州立博物館

巨石文化の遺品が多く展示されています。メンヒルと呼ばれる巨石文化は鉄器時代から十八世紀までに見られるもので、一九一九年に初めての調査がエバンスによって行われ、剣とスプーンと舵をモチーフとする三基の特徴的な石柱を発見しました。さらに後日、ガラス玉や木炭、中国明時代の陶磁器が出土したようです。さらに一九八二年には、十六列に並べられた合計六十三個ものメンヒルが調査されました。この時、青

動物、太陽、月のモチーフが彫刻された石柱

復元移築された宮殿

蒸気機関車

白磁器やイスラム陶磁、中国清代の陶磁器などの遺物が発掘されましたが、人骨は全く見つかりませんでした。このことからメンヒル墓地説は否定されました。ミナンカバウ族の民俗学的な見解では、エバンスのいう剣とは、クリス（短剣）の意味で強さの象徴、またクリスの両刃は主張または処罰の正当な保持者を意味するとされています。クリスの先端が曲がっているのは、常に神に頭を下げ、信仰や規律への違反という罪を恐れるべきであるという意味が込められています。館外の三個の石柱は動物、太陽、月のモチーフが彫刻されています。なおエバンスは、この石柱をその形からクリス、スプーン舵と名付けています。

博物館の野外展示には、イスパナ・アンパン・ティンギと呼称される宮殿建物が復元移築されています。スリ・ムナンティ地方の首長が一八六一年から六九年にかけて建築した後、娘に贈り、以後王族の住居として使用されたこの建物は、建築当初一本の釘も使用していませんでした。精密な彫刻のある多数の羽目板が特徴です。このほか船小屋や蒸気機関車などがあり、野外展示は楽しめます。

タイピン

クアラルンプールの西北に位置する都市です。面積は一八六・四六平方キロメートルで、ペラ州では二番目に大きい都市です。一九三七年までペラ州の州都でした。マレー半島の平均降雨量は二、〇〇〇〜二、五〇〇ミリですが、タイピンでは約四、〇〇〇ミリになります。この豊富な降水量に恵まれて、湖や肥沃な農地が広がっています。

この地域は十九世紀に錫が発見され、以来、錫鉱山の採掘に従事する中国系移民が急増し、町が発展しました。レイクガーデンは、錫鉱山の採掘場跡に造られた人造湖です。

✻ペラ州立博物館　Perak Museum

博物館は二階建ての白く塗られた伝統的な建物です。博物館前方には道路を隔てて刑務所の長く高い殺風景な塀が続いています。玄関正面前には石棺墓が移築復元されています。建物の左手の側面には、蒸気機関車、客車が野外に展示されていますが、中には入れません。

一階は、この地域の民族の儀式や食事など民俗全般にかかわる展示です。この地域は国内有数の錫の産地で、その精錬の様子などがパネルとジオラマでわかりやすく展示されています。また地域の民族の衣食住に関する展示があります。食事のコーナーではこの地域独特の串焼きサテイと揚げ物の菓子、野菜、粽《ちまき》などが盛り付けられています。

衣料では男女ともに衣装を着用していますが、形や文様は部族によっても違うようです。

二階には、民族、考古学の展示があります。階段を上って次の展示室に向かいます。建築物の模型や原始時代の暮らしを展示しているのと合わせて土器つくりのコーナーがあります。現在は土器作りは行われていないようですが、この博物館ではかつて行われていた地域の土器作りの調査を丹念に行い、そこで使用されていた道具や製品を収集しており、その記録も残されています。原始時代から変わらぬ方法で生産されていたことを示していますが、一方で特殊な技法も見られるようです。

オラン・アスリーすなわち原住民あるいは先住民についての展示が別館で行われています。また、地域の民族の衣食住に関する展示があります。「食」のコーナーでは、食事を盛りつけた食品サンプルがあります。たとえば串焼き（サティ）や揚げ菓子、粽《ちまき》などが皿に盛られています。「衣」では、祭礼に着る晴れ着を見ることができます。部族によって大きく異なるのがよくわかります。

ペラ州立博物館

二階では建物の模型があり、次いで竹を使っていかだを組み、その上に竹で編んだ漁具を乗せ魚を捕っている漁民のジオラマと、現地で撮影した彼らの操業風景の写真、解説のパネルなどが展示されています。

このフロアでの圧巻は土器つくりのコーナーです。先史時代の土器つくりの様子を描いた大きな想像図が入口付近にあります。これに続いて、かつて行われていた北部マレーシア地域での土器つくりの工程を写真と解説パネルで説明していきます。

野外に展示されている客車

錫の精錬のジオラマ

土器を乾燥させる装置

王の座

土器づくりの道具(ヘラ)

製品の土器

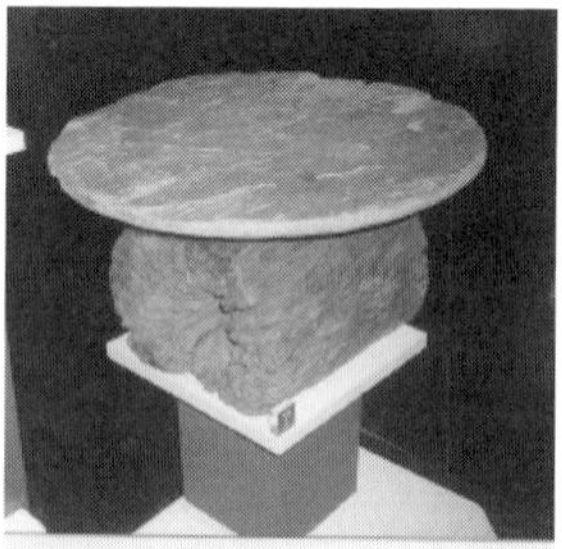

木製の中型のロクロ

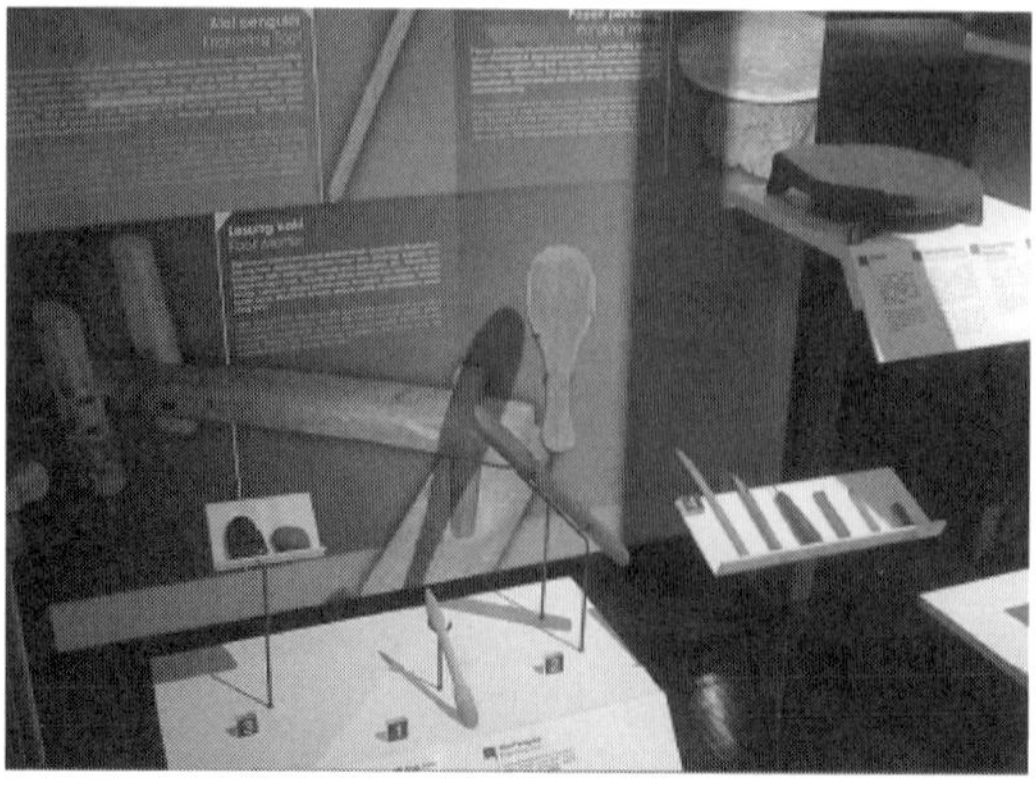

土器づくりの道具
(さまざまな形の叩き板)

まず土器の材料となる粘土の採取から始めます。男性が近所の田畑の地表から三フィート程度掘り下げて採取します。それを持ち帰って乾燥させます。さらに乾燥した土を細かく砕いていきます。この時に杵、木臼や石臼などを使います。この段階で小石などの不純物は除去されます。これらの過程を経て材料として十分な条件の整ったものに水を混ぜてこねていき、次はロクロによって形つくり（成形）をしていきます。ここでは一気にロクロを使って引き揚げていくという手法はほとんど用いません。粘土紐を積み上げて、あるいは巻き上げて形を整え、叩き板という羽子板のような板で叩きながら成形していきます。

さらにこの段階では、さまざまな形状にする作業も行います。さらに形が整っていくと、仕上げの調整作業があります。ただしこの段階に入る前に装飾段階があります。マレーシアの土器は、イスラム風の独特な形のものが多いのですが、全体的に装飾文様は多くはありません。

形を整え、文様、装飾を付け終わると、次の乾燥・焼成段階が待っています。焼成段階に乾燥が終わっていないものに加熱すると破損することになります。複雑な形の入り組んだ製品は特にこの乾燥が大切です。ここでは木組みの上に製品を置いてスモークすなわち燻焼を行います。製品がいずれも黒く光っているのはこの燻段階があるためと考えてよいでしょう。焼かれた製品は籾殻の中に入れる工程を加えています。やがて本格的に焼成作業が行われ、完成となります。

土器つくりの展示コーナーはこの博物館の目玉といってもよいでしょう。土器つくりに使用したさまざまな道具が並べられています。主要なものでは木製の中型のロクロがあります。ヘラは大小、細いもの、太いものなどいろいろです。叩き板も羽子板のようなものからしゃもじのようなものまで多種多様ですが、いずれも木製品です。これらは作り手の民族、地域によっても異なっており興味深いところです。

博物館に接する広場には、蒸気機関車、客車、飛行機などの実物が野外展示されています。正面には石棺墓が調査後移築されています。

イポー

イポーは、半島中部のベラ州の州都で、人口ではマレーシア第三の都市です。

一八七七年にイポーとその周辺で錫が産出されて以後、採掘ラッシュで町が発達しました。二十世紀初頭には国内最大の採掘地となりましたが、やがて採掘しつくされてしまい、産業構造の変化などもあり、錫産業そのものが衰退していきました。

市街地の中心部を南北にキンタ川が流れ、それを挟んで西に旧市街、東に新市街が拓けています。イポー駅を中心とする旧市街は静かな落ち着いた街という雰囲気で、大都市という実感はありませんでした。イポー駅は植民地時代の面影を残すコロニアル様式の駅で、駅前にはイスラム風の庭園が整備されています。

イポーの名前はかつてこの地域一帯に自生していた樹木のイポーに由来しています。この木の樹液には毒が含まれていることから、原住民が狩りをする際、樹液を吹き矢の先に付けて用いたようです。現在ではこの木は市内ではほとんど姿を消しており、イポー駅前の公園など数ヵ所でしか見ることができません。

✻ペラ・ダルル・リズアン博物館　The Perak Darul Ridzuan Museum

ペラ州の州都イポーにある州立の博物館です。やや小型のコロニアル風の建物で、目立たないシックなクリームと白に塗装された建物です。イポー駅から続く伝統的な植民地時代の建物群ともよく調和しています。

かつて栄えた錫鉱山で使われていた用具、地元産業の一つであった林業、炭焼きなどの作業に使用された道具類などが展示されています。館外の左手には、錫鉱山で使用されていた軽便鉄道やトロッコの車両がレール上に展示されています。このほか装甲車などの軍用の車両も置かれています。左手には第二次世

ペラ・ダルル・リズアン博物館

トロッコの車両

かまぼこ型の防空壕

界大戦時に用いられたコンクリートで造られた蒲鉾《かまぼこ》状の防空壕が一基ぽつんと残されています。

展示室に戻りましょう。イポーの錫産業の紹介では、錫のインゴットがケース内に積み上げられています。地域の自然の解説では、写真パネルやジオラマが使われています。ジオラマでは森林にすむ虎と熱帯の植物樹木が表現されています。しかし、マレーの虎は獰猛果敢な獣というイメージがあるのですが、ハイビスカスのような花が咲く森に何ともユーモラスな表情で歩く虎が表現されているのは……。

このほか竹細工の籠などの日用品をはじめ民俗に関する展示も行われています。この博物館はすべての領域をカバーしているようです。

✤イポー鉄道駅　Ipoh Railway Station

マレー鉄道のイポー駅舎として現在も利用されています。植民地時代の名残のようなコロニアル風の駅舎の中にはホテルが入っており、建物の右半分を占めています。改札は中央から左手側にあります。

ちょうど列車が入ってきました。平日の午後のせいか乗降客はまばらでしたが、朝夕は通勤・通学の利用者でラッシュになるそうです。

駅舎の前方にある噴水広場は、植栽の手入れも行き届いていました。

駅前には、駅舎よく似たヨーロッパ・コロニアル様の建物が見られます。

イポー駅舎

あとがき

「ぶらりあるき博物館」のシリーズを思い立ってからすでに十年余りの年月が経過し、ようやく東南アジアの博物館に到達することができました。

また、「ぶらりあるき」とはいうものの、各都市はいずれも交通アクセスが十分ではなく、目的地に行くためにはタクシーやレンタカーなどの手配を必要とします。したがって正確には「ぶらりあるき」ではなく、「ぶらっと」という表現が当を得ているのかもしれません。ともあれ各博物館には計り知れない魅力があり、ぜひ訪ねていただきたい施設ばかりです。そのための予備知識を得るための一助になれば望外の幸せです。

本書の執筆にあたって多くの方々のお世話になりました。各都市の旅行会社の方々はもとより、見学行を共にしていただいた広岡公夫、前田弘隆氏に感謝申し上げます。両氏には、それぞれの先々でわがままを通して迷惑をおかけしたことをここにお詫びし、厚く感謝の意を表したいと思います。

今回も見知らぬ土地での見学行程遂行に各社のガイドブックを役立たせていただき、巻末の参考文献は執筆の参考とさせていただきました。また本シリーズの刊行にあたり、芙蓉書房出版の平澤公裕氏には文章校閲などに適切なアドバイスをいただきました。

関係各位に厚く感謝するものです。

中村　浩

参考文献

■東南アジアの博物館全体にかかわるもの

Kristin Kelly, *The Extraordinary Museums of Southeast Asia*, 2001, HARRY N. ABRAMS, IMC., PUBLISHERS.

Mariyn Seow/Malcolm Tay, *MUSEUM of Southeast Asia*, 2004, ARCHPELAGO PRESS.

■マレーシア

『クアラルンプール　マレーシアの輝かしい首都』マレーシア政府観光局、二〇〇九年。

『シティリゾート　ＫＬ　クアラルンプールの誘惑』マレーシア政府観光局、二〇〇七年。

『MALAYSIA SALES MANUAL』マレーシア政府観光局、二〇一一年。

　以上の書籍は、マレーシア政府観光局大阪支局から頂戴した。ここに感謝する。

『吉隆坡』馬來西亞繁華綺麗都市、馬來西亞旅遊部馬來西亞旅遊促進局聯合出版、二〇一〇年。

KEDAH AND PERLIS CURRENCY HERITAGE, BANK NEGARA MALAYSIA, 1996.

Kuala Lumpur Railway Station.

Jewelly of the Islamic Word An Introduction, Islamic Art Museum Malaysia, 2009.

Islamic Art Museum Malaysia　Guide Book, Islamic Art Museum Malaysia, 2005.

The Essence of IZUNIC, Islamic Art Museum Malaysia, 2011.

Melaka In The Maritime World, Melaka Museums Corporation, 2004.

Crafted in Malaysia, Malaysian Handicraft Development Corporation, 2007.

Banknegara Malaysiasrt collection serected works, Bank Negara alaysia Museum dan Galen Seni, 2009.

著者

中村　浩（なかむら　ひろし）
1947年大阪府生まれ。1969年立命館大学文学部史学科日本史学専攻卒業。大阪府教育委員会文化財保護課勤務を経て、大谷女子大学文学部専任講師、助教授、教授となり現在、名誉教授（校名変更で大阪大谷大学）。博士（文学）。この間、福井大学、奈良教育大学非常勤講師ほか、宗教法人龍泉寺代表役員（住職）。専攻は、日本考古学、博物館学、民族考古学（東アジア窯業史）、日本仏教史。
『河内飛鳥古寺再訪』、『須恵器』、『和泉陶邑窯の研究』、『古代窯業史の研究』、『古墳文化の風景』、『古墳時代須恵器の編年的研究』、『須恵器集成図録』、『古墳時代須恵器の生産と流通』、『新訂考古学で何がわかるか』、『博物館学で何がわかるか』、『和泉陶邑窯の歴史的研究』、『和泉陶邑窯出土須恵器の型式編年』、『泉北丘陵に広がる須恵器窯—陶邑遺跡群』などの考古学関係書のほか、2005年から「ぶらりあるき博物館」シリーズを執筆、刊行中。既刊は『ぶらりあるきパリの博物館』『ぶらりあるきウィーンの博物館』『ぶらりあるきロンドンの博物館』『ぶらりあるきミュンヘンの博物館』『ぶらりあるきオランダの博物館』（いずれも芙蓉書房出版）。

ぶらりあるきマレーシアの博物館

2012年６月15日　第１刷発行

著　者
中村《なかむら》　浩《ひろし》

発行所
㈱芙蓉書房出版
（代表　平澤公裕）
〒113-0033東京都文京区本郷3-3-13
TEL 03-3813-4466　FAX 03-3813-4615
http://www.fuyoshobo.co.jp

印刷・製本／モリモト印刷

ISBN978-4-8295-0559-5

芙蓉書房出版の本

ぶらりあるき博物館シリーズ　ヨーロッパ5部作

ぶらりあるき パリの博物館

中村　浩　Ａ５判　本体 1,900円

ルーヴル美術館／カルナヴァレ歴史博物館／郵便博物館／オペラ座博物館／ギメ美術館／ユダヤ芸術・歴史博物館／タバコ・マッチ博物館／パリ天文台／下水道博物館／軍事博物館／広告博物館／錠前博物館／バカラ博物館／偽物博物館／ワイン博物館／セーヴル陶磁博物館／人形博物館／マジック博物館　など70館

ぶらりあるき ウィーンの博物館

中村　浩　Ａ５判　本体 1,900円

オペラ座／楽友協会会館／戦争博物館／フィガロ・ハウス／シューベルト記念館／ハイドン記念館／シェーンブルン宮殿／プラター遊園地／カプツィーナ教会狩猟・武器コレクション／応用美術博物館／時計博物館／産業技術博物館／美術史博物館／リヒテンシュタイン美術館／造形美術アカデミー絵画館／路面電車博物館／演劇博物館／犯罪博物館／テディベア博物館／モーツァルト住居　など70館

ぶらりあるき ロンドンの博物館

中村　浩　Ａ５判　本体 1,900円

ロンドン塔／カティサーク号博物館／大英博物館／ヴィクトリア＆アルバート博物館／帝国戦争博物館／ホワイトタワー／デザイン博物館／紅茶とコーヒー博物館／ウィンブルドン・ローン・テニス博物館／ナイチンゲール博物館／シャーロック・ホームズ博物館／ポロック玩具博物館／劇場博物館／シェイクスピア・グローブ座博物館／扇博物館／クリンク牢獄博物館／ローマ浴場博物館　など70館

ぶらりあるき ミュンヘンの博物館

中村　浩　Ａ５判　本体 2,200円

ＢMW博物館／航空・宇宙博物館／クリスタルの世界博物館／マイセン陶磁器コレクション／バイエルン国立博物館／ダッハウ強制収容所跡／狩猟漁猟博物館／楽器・音楽博物館／人形劇博物館／バイエルン州立歌劇場／写真博物館／アルペン博物館／ホーフブロイハウス／アルテ・ピナコテーク／バロック・ギャラリー／じゃがいも博物館／おもちゃ博物館／馬車博物館　など116館

ぶらりあるき オランダの博物館

中村　浩　Ａ５判　本体 2,200円

アムステルクリング博物館／聖書博物館／海事博物館／ゴッホ美術館／ビール博物館／猫の博物館／マダムタッソ蝋人形館／風車博物館／オルゴール博物館／チーズ博物館／ライデン大学植物園／監獄博物館　など106館